美国陆军组织管理体制丛书

U.S.ARMY

美国陆军组织管理体制：法律、民事与公共事务

李 健 付建明 编

航空工业出版社
北 京

内 容 提 要

本书详细介绍了美国陆军组织管理体制中有关法律、民事与公共事务的内容。具体涵盖：法律事务的管理、陆军部的民事职能、公共事务、面向民政当局的国防支援等。本书的最后附有美国陆军组织管理体制的相关术语。

本书适于军事研究人员及军事爱好者阅读。

图书在版编目（CIP）数据

美国陆军组织管理体制．法律、民事与公共事务 / 李健，付建明编．--北京：航空工业出版社，2016.1
ISBN 978-7-5165-0932-6

Ⅰ．①美… Ⅱ．①李… ②付… Ⅲ．①陆军－军事管理－管理体制－研究－美国 Ⅳ．①E712.51

中国版本图书馆CIP数据核字(2015)第271251号

美国陆军组织管理体制：法律、民事与公共事务
Meiguo Lujun Zuzhi Guanli Tizhi：Falü、Minshi yu Gonggong Shiwu

航空工业出版社出版发行
（北京市朝阳区北苑2号院　100012）
发行部电话：010-84936597　010-84936343

三河市华骏印务包装有限公司印刷　　全国各地新华书店经售
2016年1月第1版　　2016年1月第1次印刷
开本：710×1000　1/16　　印张：15.5　　字数：230千字
印数：1—2000　　定价：78.00元

前 言

一、满足国会的意图

（一）改变陆军处理变革的方式

“陆军必须不断适应持续变化的情况以及我们的安全所面临的不断演变的威胁。这种适应的一个重要部分是培养新的想法，以便应对未来的挑战。”

马丁 · 邓普西（Martin Dempsey）将军

时任美国陆军训练与条令司令部司令

满足国会的意图和《美国法典》第 10 卷第 3062 节的要求是一项艰难的任务。陆军是一个动态的组织，必须与时俱进，以便适应国家安全面临的不断变化的威胁和挑战，同时还要适应新指派的任务，以便充分履行国家安全、防务和军事战略中所规定的范围内的职责。陆军必须能够通过主要作战行动以及维稳与重建行动应对全频谱冲突，完成包括国内救灾与本土安全在内的各种任务。这就要求在陆军“条令、组织、训练、装备、领导与教育、人员以及设施”这些领域内实现不断的适应和发展。

当今，美国所处的时代冲突不断，与一些敌人发生了持续的对抗，这些敌人愿意使用任何和所有可用的手段来实现其政治与意识形态方面的目的。在这一个新的时代，美国正在进行的战争与美国历史上的任何战争都不相同，在这些战争中，在人民当中开展作战的军队将决定战争结果。美国陆军拥有在陆地上达成决定性效果的非凡能力，目前正处于这场斗争的最前沿，不仅是伊拉克和阿富汗，还包括全世界。除了满足持续冲突的需求,陆军还正在经历着自第二次世界大战（二战）以来最大、最复杂的转型活动。美国陆军正在不断转变成一支模块化部队，能够在世界任何地方进行部署、作战并赢得战争。同时，美国陆军正在持续发展有助于其在现在和未来的冲突中获得胜利的突破性技术与能力。

改变根植于既有官僚作风之中的、相当成熟的、形成文化的大型组织是非常困难的。运行中复杂的组织系统和根植于这些系统中的各种程序往往能够抗拒变革，或者导致变革变得更具渐进性。本丛书中所概述的陆军系统和程序也不能例外。陆军在整合灵活而又具有适应性的程序以便减少不必要的官僚作风，激发创造力，并融合技术、认知与组织方面的创新时，面临着内部的挑战，需要确保这些程序既灵活又具有适应性，以便促进而非阻止变革。作者在本丛书中阐述这些系统，并非意在提倡继续使用这些系统，也非意在间接地抗拒对其进行修订或全面改革。实际上，作者意在将本丛书作为参考，以此教育陆军的领导者，让他们能够在这些组织、系统和程序的运行机制方面作出明智的决策，以便形成一个知识基础。而这些知识能够使领导们确定这些系统和程序可以如何加以运用或改变，以便更好地服务美国的军队和国家。本丛书应该提供一个理解的基础，该基础可以推动陆军的运行机制持续作出改变并最终实现转型。

（二）陆军管理

作为一个组织，陆军在定义明确的系统和程序的框架内履行非常多的职能，以便促成相关变革，进而完成全部种类的任务。在管理变革的时候，在诸多复杂的职能当中，陆军必须处理的一些职能包括：招募并登记军事与文职人力；提供个人及单位训练与教育；编制作战条令与要求；设计并组织单位与机构；装备并维持已投入使用的单位；动员并解散后备役组成部队单位；驻扎并支持单位以及部署与重新部署部队。

陆军制度化的系统和程序正好可以处理上述以及许多其他职能。陆军实现转型、充分履行法定义务以及有效完成指派给其下属各机构和组织的复杂任务的能力，取决于上述系统中的任何一个系统的职能履行情况的好坏，以及各个程序职能的整合情况的好坏。

换句话说，新的条令、组织与装备要想以训练良好、准备就绪的状态整合进陆军以及后续的部队维持工作之中，就需要对许多陆军系统和程序进行协调。众多的领导和管理部门都必须实现上述协调，才能够履行各种职能，而这些职能对陆军非常重要，不仅能使陆军充分地履行其当前的职责，也能为充满重大挑战的未来做好准备。

关于陆军必须作出变革以适应不断变化的威胁和任务的原因、变革的方式，以及实现变革的复杂性，有一个最合适且一直在持续的实例，这就是陆军正在开展的转型工作。尽管过去陆军一直在进行着变革，但是特别活跃的变革却是始于 1999 年且至今仍在持续的转型工作。这些转型工作包括：全面部署“斯崔克”旅；在全陆军范围内推行模块化旅改组；实施陆军现代化计划；整合来自于采办计划的技术进步；以及将后备役组成部队转变为作战后备部队。该转型工作还包括一系列的其他活动：在企业管理框架内转变业务实践；整合各种技术；快速采办装备；以及加强部队防护并提高战备水平。

二、陆军关注的焦点

（一）研究背景

考虑到上文所简述的战略环境，美国陆军面临着巨大的挑战。来自陆军部长与陆军参谋长的 2011 年陆军国防态势报告对这些挑战进行了清晰而明确的表述。美国在将近十年中都处于战争状态，对于全志愿军的美军来说，这是开展连续作战最长的一段时期。在此期间，美国的陆军（包括现役、国民警卫队、后备队以及文职人员）经历了各种挑战。美国成功地结束了伊拉克的作战行动，同时经历了美国历史上较大的一次撤军。美国将军人补充到阿富汗，以便为打击适应能力很强的敌人的战略提供支持。美国还几乎完成了作战部队的转型工作，现在正在处理陆军的生成部队这一问题。另外，陆军为巴基斯坦和海地的自然灾害受灾人群提供了重要的人道主义援助，还在边境筛查以及墨西哥湾油污清理的工作中为国土防御与民政当局提供了支持。

在将近十年的持续战斗中，部署了超过110万名军人参加作战，不仅给军人本身带来了影响，也影响到了他们的家属。另外，3万名文职人员也进行了部署，身处险境。超过4000名军人牺牲了自己的生命，留下了2.5万多位遗属。2.8万多名人员受伤，其中有7500名需要进行长期护理。尽管陆军作出了重大的牺牲，但依然很强大，因为美国陆军人员勇敢、坚强且信守承诺，也因为军人之间存在着那份信任。

陆军面临的难题是如何提供具备合适能力的合适部队来应对各种挑战。陆军负责招募、组织、训练并装备军人，而这些军人则作为联合、跨机构、政府间以及多国部队中的成员以一体化的方式作战。陆军也提供后勤、通信、运输和其他支持，以便使美国的联合和跨机构伙伴能够完成任务，同时还在发生国家紧急事件时为民政当局提供支援。为了应对上述战略环境以及上述战略文件中描述的国家安全、防务和军事战略，陆军将继续建设并维持一支高质量的远征与战役部队，该部队能够迅速部署到任何作战环境中，能够在世界上任何地方以模块化的部队展开军事行动，还能够长时间地开展持续行动直到完成任务。

为了满足当今任务（包括国土防御与支援民政当局）的要求，美国陆军2012财年的基础预算请求是为110万名军人的薪酬、福利以及相关人员的开支提供资金。110万名军人包括：54.7万名现役人员、35.82万名陆军国民警卫队人员以及20.5万名陆军后备队人员。另外，海外应急行动预算请求将负责支付平均动员人数为50100的后备役组成部队人员的薪酬与津贴，还负责支付所有进行部署的军人的特别薪酬。2008年进行部署的军人为25.1万人，尽管现在这一数字有所减少，但还是有22.994万名军人进行了部署或在将近80个海外国家进行了前沿驻扎。另外，超过25万名陆军文职人员正在执行各种对美国国防极其重要的任务。他们当中有许多人都进行了前沿部署，以便支援我们的军人。

（二）陆军国防态势报告

陆军部长和陆军参谋长每年向美国参议院和众议院的委员会以及下属委员会提交一份陆军国防态势报告。提交该报告是为随后的陆军预算听证会做准备。年度陆军国防态势报告是一份关于陆军角色、任务、成就、规划与计划的非保密概要报告。陆军国防态势报告的目的是在国会面前强化陆军部长与陆军参谋长关于国防态势与预算的证词，同时能充当广大听众了解陆军状态的一份基本参考材料。陆军国防态势报告的附录中提供的信息可以满足 1994 财年的《国防授权法案》对信息的要求。这些信息是按照《国防授权法案》要求的顺序与深度而提供的。

2011 年陆军国防态势报告的引言写道："在即将到来的几年当中，我们优先等级最高的任务是：在重组部队应对其他任务以及在我们的军人当中建立复原力的同时，保持我们的作战优势。陆军在恢复平衡方面已经取得了重大的进步，具体方法是依靠我们在 2007 年确定的四项迫切事项：维持、准备、重置与转型。从 2012 财年起，我们的部队开始达到可持续的部署节奏，陆军也开始恢复平衡。我们成功地完成了伊拉克的作战行动，从'伊拉克自由行动'转入'新曙光行动'(Operation New Dawn)，同时经历了我国历史上较大的一次战时撤军。'新曙光行动'标志着陆军新任务的开始，也证明我们当前对伊拉克政府和人民的承诺。同时，我们将大量军人补充到了阿富汗，以便支援该重要战区的新战略方向。就算把我们完成的所有工作都算在内，仍然还有许多工作要做"。陆军国防态势报告的附录中涵盖了各种各样的主题，这些主题与诸如后备役组成部队战备之类的具体问题相关联，而后备役组成部队的战备问题是 1994 年的《国防授权法案》要求涵盖的。这些主题或许还会与一些需要提供更多细节的问题相关联，如陆军兵力生成、重置、陆军家属以及现代化。所以，陆军军人和文职人员必须阅读陆军国防态势报告，以便了解本丛书讲述的系统和程序必须应对的当前挑战与未来方向。

2007 年，陆军确定了为恢复平衡必须要做的四项迫切事项，分别是：维持、准备、重置与转型。2011 年的陆军国防态势报告中汇报了在四项迫切事项中达成平衡方面所取得的进步。如 2011 年陆军国防态势报告的介绍所述，"2007 年，我们认为陆军'失去了平衡'，所以开展了一个四年计划，以便恢复平衡，使我们这支全志愿军组成的陆军能够以可预测、可持续的状态来满足对我们部队提出的要求。现在已是四年计划的最后一年，我们开始看到我们所取得的进步的积极效果。陆军的状态比 2007 年要好得多，再加上 2012 财年的预算请求，我们已经做好了达成目标的准备”。

（三）2011 年陆军战役计划

美国陆军战役计划是作为美国陆军计划的第四节由陆军部长于 2011 年 2 月 4 日批准并发布的。陆军战役计划是对美国陆军计划的前三节的综合表述。战役计划为陆军在制订计划和预算方面提供指导，并将一定时间内各种能力的连续发展变化与陆军当前的战略态势进行整合。与此同时，它还为开展陆军转型工作、恢复陆军内部平衡以及履行《美国法典》第 10 卷中的职能时必须要采取的一些行动提供指导。陆军战役计划负责管理转型工作，以便更好地平衡当前与未来的需求。

2004 年以来，就已经发布了陆军战役计划，目的是协调美国陆军的转型工作，内容包括：302 个旅的模块化转变和发展；按照基地改组与关闭和全球防务态势调整计划，迁移包括陆军司令部层级在内的各陆军部队；以及对陆军兵力生成程序的周期战备模式作出更改。在开展所有这些工作时，美军正在打两场战争。该计划可能需要 6 年或 6 年以上的时间，因为它与国防部以及陆军的其他资源指导和程序是同步的。陆军战役计划还包括各种各样的附录，以便为陆军组织提供综合指导，确定重点领域与牵头组织以及倡议者，并在诸如航空、生命周期管理、现代化以及兵力生成之类的领域中提供战略指导。该计划在本质上具有综合性，可以确保陆军能够协同、系统地规划并执行变革。

（四）加速变革与未来需求

高层领导的一个职责是：确定陆军面临的战略事项以及处理这些事项时必须回答的问题与必须采取的行动。这些事项在陆军战役计划中得到了确定，而 2011 年陆军战役计划中的关键要素包括：①重新推动生成部队转型，该转型工作是陆军部长关注的重点；②开展业务转型；③确定并衡量陆军优先事务的进度和成功与否；④以及有效并高效地利用资源，以便在财政紧张的情况下实现陆军转型。

2011年陆军战役计划中最大的变化是更新了陆军战役计划战略地图，该战略地图负责为战役计划提供蓝图。首先，为了给美国陆军部副部长在改进业务实践方面所扮演的首席管理官角色提供支持，该计划增加了战役目标。第二，选取了一名陆军部长助理来负责每个战役目标。为了支持这些负责人，指定了一个陆军参谋部小组作为协调方，以便提供最好的军事意见。该小组的成员能够提供主题专业知识。最后，这些目标经过更新与完善，以便为达成陆军的"21世纪平衡陆军"这一愿景提供最好的支持。

2011年陆军战役计划提供了一个建设一支"21世纪平衡陆军"的计划，其中对"21世纪平衡陆军"的定义是：通用、可调整的网络化组织，以轮换周期的方式运行，目的是为全频谱行动不断提供训练良好、准备就绪的部队，并在下一个6～8年内使我们的全志愿兵部队能够以可预测、可持续的状态应对意外的紧急事件。

本丛书的一项重要价值是：书中确定的一些系统和程序能够帮助美国陆军领导与管理人员执行这些战略选择。未来的预算与内外部的挑战将影响这些选择的执行速度，同时也会影响在如何全面地执行这些选择方面作出适当调整的速度。

（五）转型

转型这一主题已经以各种各样的方式嵌入到了前文所述的内容之中。这是因为转型以某种方式几乎冲击或影响着美国陆军所做的一切，从个人、单位以及联合的视角来说都是如此。美国正在将一支冷战时期的陆军转变成一支21世纪的陆军，现在美国陆军正处在该转型工作的关键阶段。在21世纪的陆军中，具备远征与战役能力、纪律严明的勇士队伍在各类冲突中都占据主导地位。在过去的10年中，陆军在很多方面都进行了转型。陆军部长怀特（White）和新关（Shinseki）将军为我们的转型工作提供了一个知识框架。陆军部长哈维（Harvey）和斯库麦克尔（Schoomaker）将军牵头作战部队的转型工作。陆军部长格伦（Geren）和凯西（Casey）

将军已经明确地表示，我们需要调整各种机制，以便巩固21世纪陆军的转型工作。现在，陆军部长麦克休（McHugh）和凯西将军发现作战部队的转型已经接近完成，到2011年，302个陆军旅中有297个将从冷战时期的编制转变成可部署性、可调整性与通用性更强的模块化编制，而剩下的少数旅也将于2012年完成转变。

早在2009年陆军战役计划中就有如下规定：陆军将继续转型，以便提高军人和联合部队的能力，进而应对新的安全环境带来的挑战。在新的安全环境下，美国陆军需要在针对国内或国外的复杂且适应性强的敌人的持续冲突中开展连续的全频谱行动（进攻、防御与维稳或民事支援）。然而，这并不是最终的状态。现在看来，未来的趋势虽然充满了许多不可预知的变数，但整体趋势还是清晰可见的。这些趋势要求转型工作不仅必须继续，还必须在未来几年中加快速度。陆军转型在提高军人能力的同时，保全了全志愿兵部队这一机制。这些军人处在一个冲突不断的时代，忙于打击全球恐怖主义并破坏恐怖主义赖以生存和维持的条件。转型在陆军的概念与能力中已经得到确定，可以提高陆军满足联合部队要求的能力。联合部队要求能够保卫国土，在重要地区吓阻冲突，迅速应对小规模紧急事件，执行维稳行动以及在重大作战行动中击败任何敌人。而这又反过来提高国家应对即将来临的传统、非正规、破坏性以及灾难性的挑战的军事能力。

陆军转型工作整合了广范围的、基于概念的方案与制度性的程序，以便实现陆军的设想并完成其任务，而这些方案与程序则涉及陆军“条令、组织、训练、装备、领导与教育、人员以及设施”各个领域。陆军转型工作是更广泛的国防转型工作的一部分，负责满足联合部队以及陆军的各种需求。

三、本丛书的研究目的、范围和目标

（一）目的

本丛书的目的是为准备担任高级别战略领导层级的指挥和管理职位

的军官提供一份基础、现成的参考资料。本丛书阐述了各系统和程序之间的关系，而这些系统与程序将引发未来的变革，也将为完成日常任务作出贡献。在陆军战役计划的执行过程当中，这些系统和程序的能力和潜能将会得到最为充分的利用。

虽然本丛书的一个主要用途是为美国陆军军事学院课程的指挥、领导与管理系提供支持,但还有一些更广的额外用途。这些额外的用途包括：非住校生用来满足美国陆军军事学院远程教育计划的要求；作为军事教育系统中的各分校与军种学校的通用参考书；以及充当所有寻求更好地了解陆军的组织、职能、系统和程序的人员的基础读本。

（二）范围和目标

本丛书负责对美国陆军军事学院课程的指挥、领导与管理系提供支持。美国陆军军事学院课程的重点是：战略领导、联合程序、国防企业管理以及地面部队发展。伊莱休 · 鲁特（Elihu Root）创立陆军军事学院"不是为了推动战争，而是通过做好明智而充分的准备来击退侵略并保卫和平"。他下达给教职员工的任务是：指导"陆军的教学和训练，以便获取信息，制订计划并研究相关课题，同时向总司令提供有关计划、武器、运输以及军事准备与活动的所有问题方面的建议"。许多最初的工作重点仍然存在于当前的美国陆军军事学院任务当中，这些任务包括：使领导做好担负战略领导职责的准备以及为作战部队与机构部队提供支援。

指挥、领导与管理系提供美国陆军军事学院课程的一部分，这部分课程能够使人们更好地了解美国国防部和陆军部的指挥、领导和管理的理论与实践。本丛书特别用于名为"国防企业管理"的课程当中，该课程包括：教职员工讲课、演讲以及与著名学者及优秀从业人员讨论的教学方法，研讨会小组讨论，案例研究，独立阅读以及实践练习。

目 录

第五章
面向民政当局的国防支援 / 105

第一章
引　言

引言

一、本书的组织结构

本书共分为五章，首先在引言部分简述本书的组织结构和相关性；第二章讲述法律事务的管理，对指挥官以及其他人员在执行任务的过程中可能遇到的各种法律问题进行解答；第三章阐述陆军部的民事职能，具体包括土建工程计划、针对其他政府机构的支持、工程兵海外活动以及面向联合司令部司令的支持等；第四章的内容为公共事务，介绍陆军各种公共事务机构，讲述在全球信息环境中执行行动时如何处理公共事务；第五章为面向民政当局的国防支援，讲述在联邦、州以及地方的其他机构的能力或资源不足且危机仍未解决时，军事资源如何被用于解决危机。

二、相关性

本书有助于了解如何在大的战略背景下开展行动以及如何应对陆军国防态势报告和其他战略性文件中讲述的各种重大挑战，主要阐述各种系统和程序，这些系统和程序能够使陆军像过去一样在未来继续有效地为国家服务。陆军拥有一份可以发扬光大的历史遗产，且该遗产在今天仍然十分丰厚，就如 2011 年陆军国防态势报告的封面上的字句一样："美国陆军：国家的实力"。

我们希望使用本书的军事艺术学员或从业人员能够更加充分地理解 1964 年至 1968 年期间担任陆军参谋长的哈罗德 · K. 约翰逊（Harold K. Johnson）将军的话语中的真谛。他是这样说的："陆军就像一个漏斗。我们在顶部投入条令、资源、概念、装备和设施。然后从底部就出来了优秀的军人。”

陆军参谋长乔治·W. 凯西（George W. Casey）将军在给美国陆军的军人、文职人员以及家属的“落地报”中所说的第一句话是：“能够成为被公认为世界上最优秀的组织的领导人，我感到极其自豪。”然后他继续说：“在我们的历史上，军人很少面临如此之大的挑战。在我们服役的这段时期内，我们的国家和生活方式面临很大的风险，因而对我们部队的要求相当高。我们将继续展示我们国家最优秀的一面，击败自由的敌人和恐怖活动的支持者，保卫我们的祖国，并协助我们的国家为子孙后代建设更美好的未来。”在2011年国防态势报告的开始部分，陆军部长约翰·麦克休（John McHugh）对过去一年的成就进行了评论：“虽然我们赞赏这些成就，但是必须注意到，我们的国家和陆军正处在一个战略十字路口，面临着重大的挑战。”

之所以撰写本书，是为了支持世界各地的具有勇士精神的美国陆军军人。2011年国防态势报告的引言的结束句非常简要地表达了这一观点：“作为国家力量的代表，美国军人是我们所做的一切的核心”。

第二章
法律事务的管理

“我发现在遇到军法官的情况下，如果没有一些法务人士，工作简直无法开展。”1815 年惠灵顿公爵（Duke of Wellington）在给巴瑟斯特伯爵（Earl of Bathurst）的信件中这样写道。

☆ 第一节 | 引言

一、法律与指挥官

陆军主要通过军法部门的军法官（或在他们的监督下）向指挥官与军人提供法律建议。军法官是军人律师，是陆军授衔的军官，也是执证律师。与军法官进行密切而充分的交流对于司令部的成功来说是一件重要的工作。为了有效地利用军法官与其他法律资源，指挥官应该了解军法参谋或司令部军法官办公室的大体组织结构与职能。本章介绍军法官的核心法律学科：行政与民事法、索赔法、合同与财政法、法律援助、军事司法以及作战法。作战法是直接影响军事行动执行的一部国内、国外以及国际法，也涵盖上述六种核心法律学科的内容。

二、军法参谋办公室

军法参谋办公室是由最高军事法庭召集当局指挥的成建制机构，最高指挥官为将官的组织会被指派一个军法参谋办公室。军法参谋办公室的办公室结构中设有科，科中可能包括一个或多个核心法律学科。例如，一个军法参谋办公室通常包括 5 个科：军事司法、行政与民事法、索赔法、国际法以及法律援助。虽然各科有所分工，但是军法参谋办公室提供除了依法必须独立处理的事务（比如司法与辩护律师支援）之外的所有法律服务。

按照近来的模块化部队设计，我们为旅战斗队指派了两名军法官与一名高级律师助理（军士），且他们已经成为旅战斗队的在编人员。旅战斗队的法务科负责旅战斗队所需的各种法律服务。当有些法律服务超出其能力范围时，该法律部门则负责与军法参谋办公室进行协调，以便能够提供这样的法律服务。

三、军法参谋

军法参谋是指挥官的参谋成员之一，负责与指挥官直接进行交流，以便在影响部队的士气、良好秩序与纪律的所有事务方面提供法律建议。军法参谋也是指挥官的专业参谋中的成员，其在参谋长的监督下开展工作，为参谋机构提供法律服务，并与其他参谋成员进行协调，以便在整个组织中提供及时的法律服务。

第二节 | 行政与民事法、法律援助、索赔法

一、作为行政机构的陆军

陆军是一支武装部队，但也是一个大型的联邦行政机构，每天都要遇到重大的内、外部的法律问题。行政与民事法是包括支配军事组织的成立、运作与指挥的法令、条例与司法决策在内的法律体系。行政与民事法的实践包括向指挥官提供建议以及代表陆军提起诉讼，涉及许多专业法律领域，具体包括：军事人事法、政府信息实践、调查、与私人组织的关系、劳动关系、文职人员雇用法、军事设施、监管法、知识产权法、政府道德伦理以及环境法。需要注意的是，法律援助与索赔法是陆军法律体系的主要内容之一，也是与行政与民事法同等重要的法律学科。

二、纠正性行政人事措施

指挥官与行政法。指挥官会花费大量的时间在相对很少的军人身上。这些军人中的一些人员由于各种原因不能或不会执行自己的任务。指挥官采取的一些纠正性的行政措施将对这些军人进行教育、训练、恢复或纠正，但不会带来惩戒性后果。其他一些措施则是惩戒性的，且涉及一些重要的法律权利与职责。陆军条例中的一些程序将对惩戒性措施的使用进行管理，以便保护军人的合法权利，进而确保指挥官只会对应受惩戒的军人采取惩戒性措施，且以公平而合法的方式进行。

非退役性的纠正性、惩戒性措施。在许多情况下，指挥官想要激励军人提高任务执行水平或提高效率，或想要确保任务得以完成。有许多有用的行政措施可以用来处理这些有问题的军人，前提是这些军人的行为或表现并不需要依据《军事审判统一法典》来采取行动或执行行政性

退役。这些行政措施包括：咨询、额外训练、书面或口头训斥、禁止再次入伍、负面绩效评估报告、因故换防、暂停或撤销忠诚审查资格、暂停或撤销在职驾驶与其他权利、军职专业重新分类、因行为不当或效率低下进行行政降级、行政警告、剥夺晋升机会，以及暂停优惠性人事措施。

惩戒性行政退役。陆军在将平民转变成军人时会在招募、训练、装备或其他方面投入大量的资产。在军人的义务兵役结束之前退役，将浪费资源并且需要花费大量资金来招募并训练替补人员。此外，惩戒性退役对军人的影响是相当严重的，因为有的退役会导致非荣誉性退伍。高级指挥官必须了解行政退役系统的基本原则。陆军条例 635–200“现役士兵行政退役”与陆军条例 600–8–24“军官调动与退伍”是管理行政退役的陆军方面的条例，且这些条例规定了正确的程序并提供重要的程序方面的保护。官员在行政退役中的角色各不相同，指挥官可以审查该措施并将文件连同建议一起提交给退役当局，也可以自己进行决定。指挥官应该在问题军人的纠正或退役方面向下属提供建议与教育。军法官是一种可用的资源，可以在纠正与行政措施方面为指挥官提供建议。

三、不适当关系

1. 不适当上下级关系

（1）该节重点阐述了依据陆军条例 600–20“陆军司令部政策”的惩罚性监管规定应该受到管制的各种关系。不同级别的军人之间的关系（受监管的行为）比《军事审判统一法典》中具体的交往关系要广泛得多。此外，关于不适当关系，在陆军条例 600–20 中的一些条款是惩罚性的。违反条例会依据《军事审判统一法典》第 92 章受到惩罚。

（2）不同级别的军人（不论性别）之间的关系如果出现以下情况将会被禁止：损害或看似损害管理当局或指挥系统的廉正；引起实际或感知上的偏袒或不公；涉及或看似涉及不适当地利用级别或职务谋取私人利益；在本质上是或被认为是剥削性的或强迫性的；对纪律、权威、士气或部队完成任务的能力造成实际或清晰可预见的不利影响。

（3）另外，军官与士兵之间的某些类型的私人关系是被禁止的。该政策适用于军人之间的关系，也适用于军人与其他军事人员之间的关系。这些被禁止的关系包括：

①军官与士兵之间的商业关系，但有一些例外。

②军官与士兵之间的约会、不是根据作战需求而合用住处以及亲密或性关系，但是依据本条例经过明确授权的关系除外。

③军官与士兵之间的赌博。

（4）这些禁止事项并不是有意排除发生在以下活动背景下的正常的团队建设关系：社区组织、宗教活动、家庭聚会、基于单位的社交职能或运动小组或运动会。在任何不同级别或军衔的军人之间的关系当中，高级别的人员通常最适合终止或限制关系的深度。不过，所有成员都可以因违反该项政策的关系而被追究责任。

（5）指挥官应该通过合适的训练与领导榜样来寻求预防不适当的或非职业的关系。

2. 其他受到禁止的关系

（1）受训人员与军人的不适当关系。常驻人员与受训人员之间的非训练任务所要求的任何关系都是被禁止的。

（2）征兵人员与应征人员的不适当关系。任命至或隶属于美国陆军征兵司令部的常驻人员与潜在的应征人员、申请人、延迟服役计划人员或延迟训练计划人员之间的非征募任务所需的任何关系都是禁止的。

（3）依据《军事审判统一法典》，非法深交是一种特定的犯罪，大多数此类案例同样涉及违反陆军条例 600–20。在针对此类非法行为的报告采取行动前，指挥官应该咨询军法参谋。

四、行为标准

在道德上违反行为标准将损害上级与下属对军官的信任与信心，同时也将损害公众对陆军的尊重。

《行政部门雇员道德行为标准》于 1993 年生效。这一标准由政府道德规范办公室发布，在国防部指令 5500.7—R《联合道德规范条例》中进行了转载与补充。《联合道德规范条例》还转载了管理国防部人员行为的政府道德规范办公室的其他一些条例，并在一些道德问题（比如，接受来自非联邦来源的旅行优惠）方面提供额外的指导与规定。

指挥官有责任熟悉《联合道德规范条例》以及其中既定的行为标准。指挥官应该确保所有人员接受过适当的训练且充分知悉应有的道德行为。

陆军法律总顾问是陆军指定的机构道德规范官。陆军行为标准办公室主任负责监督陆军的道德规范计划，同时负责为陆军部总部提供道德规范支持。各陆军司令部、军事设施与机构都应该拥有一名指派的道德规范顾问，该顾问通常是军法参谋办公室的成员。

道德规范顾问在普通的道德规范问题方面提供建议与协助，这些问题包括：给上级赠送礼物；接受来自于外部的小费与津贴；将政府设施、财产以及人员用于非官方目的；不当使用因公务旅行而收到的津贴；退出政府部门后的雇用限制以及商业招揽。

五、指挥的法律基础

指挥是上级军官（正式任命的现任军官）的职责，除非该军官根据法律、依据陆军条例或因总统剥夺权力而失去指挥资格。“指挥”一词拥有两种不同的意义。它描述了军官对下属军人的权威；同时也阐述了警备区司令（作为不动产以及不动产中发生的活动的负责人）的行动法律方面。

1．指挥权

（1）指挥官拥有通过其军事办公室进行指挥的权力。指挥官有责任保证指挥任务的成功，且有权力要求下属服从合法的命令。

（2）美国宪法、法律以及更高权力机构制定的条例负责确定命令的合法性。法院对指挥官的权力的描述是“固有的”以及“广泛的”，并且将尊重指挥官在适当地行使自由裁量权时所做的决策。然而，法院强调决策必须是合理的且与法律以及条例相一致，不得是武断或反复无常的。如果指挥官在待定决策的合理性与／或一致性方面存有疑问，就应该向提供支持的军法官寻求建议。

2. 维持营区的法律、秩序与纪律

警备区司令可以依据自己固有的权力，并通过执行《美国法典》第18卷第13节（《同化犯罪法》）以及《美国法典》第18卷第1382节（《联邦侵入法》），针对营区内的下属及平民维持法律与秩序。

（1）固有的权力。正如美国最高法院公认的那样，警备区司令拥有固有的权力与责任来维持必要的法律与秩序、安全以及纪律，以便确保军事设施的正常运作。

（2）《同化犯罪法》。《同化犯罪法》规定，联邦当局（包括军事指挥官）有时可以进行"同化"，也就是适用州刑法。这是一项与法律、政策以及民事—军事关系相关的复杂的事项，谨慎的指挥官会与军法参谋以及其他参谋人员密切合作，以便处理这些问题。

（3）侵入。依据联邦侵入法令，当某人已经犯罪或违反了营区的规定时，警备区司令可以书面的形式禁止上述人员进入军事设施。如果此人违反警备区司令关于禁止进入设施的书面禁令时，那么此人可能会在联邦法院中因侵入而受到刑事起诉。定罪之后，该侵入人员可能被处以罚款（如《美国法典》第18卷第3571节规定）或不多于6个月的监禁，或两者并处。

3．平民的言论自由与异议

对军事设施中的言论进行管制取决于该设施或设施的一部分是否可以被称为"公共论坛"。一般来说，军事设施不属于公共论坛。然而，有时会发生不支持军事任务言论的人员或团体进入设施，法院认可指挥官禁止平民在军事设施中举行示威游行以及类似抗议活动的权力。因此，指挥官在人员或团体进入军事设施之前应该知道他们将要说什么以及做什么，同时也应该咨询军法参谋，以便确定指挥权在给定情况下的限制。

4．军人的言论自由与异议

《军事审判统一法典》禁止某些特定的言论，比如不得对上级说无礼的话或做无礼的手势。关于言论的其他方面，陆军条例600–20禁止军人参与可能会受到陆军处罚的党派或非党派政治会议或集会、游行或任何其他公共示威活动。

5．在军事设施中分发印刷品

（1）不同于游行示威与抗议活动，陆军军事设施对于新闻出版物（甚至是那些批评政府政策或官员的出版物）来说是开放的。一般规则是，印刷品是允许出现在军事设施中的，不会被禁止。然而，军事设施指挥官可以要求印刷品只能通过正规的经批准的分发商店（比如军人服务社）来分发。

（2）指挥官必须将印刷品限制与“对忠诚、纪律与士气构成明显危害”这一标准进行对照，从而作出权衡。警备区司令可以延迟分发需要审查的印刷品，以便由陆军部总部作出最终决定。

6．指挥官的监管权

指挥官可以发布实现其部队的运行所必需的条例与政策，只要这些条例与政策不是武断、任意或非法的。军法官可以协助指挥官制定合法的条例与政策。

六、环境法

1．挑战

环境保护越来越成为军队领导的一项挑战。环境法控制所有污染源，并保护许多自然与文化资源。依据大多数环境法规，陆军和任何公司一样，也会受到监管。指挥官必须在防务任务中综合考虑联邦、州以及当地的环境要求。军法官是指导指挥官处理环境问题的重要人员。陆军设施管理司令部及其下属司令部（陆军环境司令部）成立之后，陆军环境方面的关切就由这两个司令部来负责。

2．军事设施的环境条例

（1）在大约1970年之前，美国宪法一直将联邦机构置于大多数州的执法范围之外。

（2）《国家环境政策法案》颁布之后，上述做法发生了改变。《国家环境政策法案》指示国防部（以及所有其他联邦机构）在开展任何联邦工作之前必须确定、量化并评估环境影响，同时考虑备选行动方案。如果不能妥当处理该法案的要求，那么就可能使部队受到禁令的限制，该禁令可能会限制或完全终止军事行动。

(3) 在《国家环境政策法案》颁布之后，国会又颁布了许多环境法令。各种法令的一个共同要素是：联邦政府将部分环境管理权委托给各州。在有些法令中，联邦机构在未能执行州法律的情况下会遭到起诉。例如，清洁空气法案（第 85 章第 42 编）要求包括陆军军事设施在内的所有主要空气污染源必须获得州发放的运营许可证，否则就要在没有总统特许的情况下停止运营。陆军军事设施必须递交详细的许可证申请，且指挥官必须证明申请真实、准确且完整。

(4) 几乎所有当前的联邦环境法令都要求陆军在以下方面遵守各种联邦、州以及当地法律。

①空气与水污染控制技术设备的安装、运作与维护。

②对空气以及水排放的定量与定性限制。

③污染监测、记录与报告要求。

④污染源的运营许可与合理的许可费用的支付。

⑤固体垃圾与有害垃圾的装卸、运输、储存、处理与处置。

⑥报告并清除泄漏物。

⑦监测所有的地下储罐，以防泄漏。

⑧清理在用以及关闭的有害垃圾处理场。

⑨保护有灭绝危险的以及濒危的物种与湿地。

3．合规

(1) 陆军对环境法规的遵守一度主要是靠自愿，但是现在已经发生了改变。1992 年颁布的《联邦设施合规法》规定：扩大了主权豁免权的放弃范围。联邦环境保护局与州监管人员，现在可以在包括陆军在内的联邦机构违反联邦、州以及当地固体与有害垃圾法律法规的情况下，评估它们的惩罚性罚款。《安全饮用水法案》的修正案是进行惩罚性罚款的第二种主要的环境法令，陆军军事设施同样被要求随时遵守法律法规，否则就要面临执法行动，这些执法行动可能会妨碍陆军的训练与行动。

（2）现在，环境法律影响着军事设施中的许多日常活动，而且执法力度正在加强。联邦环境法令明确授权每个公民可以充当个人检查官，具体方法是提起诉讼以便通过禁令与罚款来强制有关机构遵守法律法规。最后，陆军领导也要为环境犯罪担负个人刑事责任。同样地，军法官在协助陆军领导避免个人责任方面也具有不可推卸的责任。

（3）《联邦设施合规法》并未规定由谁来支付罚款与罚金，但是总统、国防部以及陆军部的政策规定由军事设施或机构中对违法行为担负最直接责任的人员来支付罚款。

（4）指挥官必须巧妙地处理环境事务，否则就有可能对重要的训练以及其他行动造成重大干扰，而这种干扰会削弱作战战备。即使是相对较小的合规问题也有可能对陆军以及当地军事设施带来高昂的罚款。

4．污染预防与环境保护

（1）陆军领导同样必须强调预防污染以及限制有害材料的重要性。

（2）指挥官越来越被要求来确保任务活动能够保护陆军设施中的自然资源。《濒危物种法案》要求所有的联邦机构都执行相关计划，以便保护联邦政府列出的濒危物种。如果需要开展有可能影响这些物种的活动，应该正式咨询美国鱼类与野生动物服务局或国家海洋渔业局。指挥官还必须保证设施供水的质与量，保护水源，并努力保护为鱼类以及野生动物提供重要栖息地的湿地。

七、联邦劳动关系以及劳工顾问的作用

1．工会

（1）工会代表着陆军部中的许多联邦雇员。联邦劳动法要求陆军在变更劳动条件之前通知工会，这些变更包括但不局限于：办公时间变更、轮班变更、科／处的主要任务／目标方面的变更以及人员的重新委派。在有关工会签订了劳资谈判合同的所有事项方面，指挥官应该咨询军事设施劳动关系专家与劳工顾问，以便确保遵守现有的劳动合同以及适用

的法律法规。指挥官还应该注意不要作出关于工会或其效率、价值的不利评论。军法参谋可以在这些限制的细节上给出建议。

(2) 军事设施劳工顾问（军法官或陆军文职律师）是指挥官、主管人员在劳动关系法律事务方面的顾问。

(3) 劳工顾问的职责包括：审查拟议的针对文职人员的惩戒性处分以及待决定的均等就业机会投诉；参加与工会进行的合同谈判（特别是在有对方律师参与的情况下）；在第三方程序中代表管理层，第三方程序包括：谈判单位的确定、不公平劳资关系投诉程序、均等就业机会委员会听证会、考绩制度保护委员会听证会以及仲裁听证会；为活动谈判委员会提供建议；在签订的劳动合同的解释与适用性方面提供建议。

2．文职雇员的惩处

(1) 指挥官可能需要监管许多联邦文职雇员，或者指挥那些监管文职雇员的人员。国防部文职人员手册 DOD1400.25–M 规定了两种纪律处分。第一类是非正式的纪律处分。这包括口头训戒、口头劝导以及书面警告。第二类是正式纪律处分，包括谴责信、停职、降职降薪以及免职。同样，雇员行为处分也分为两类，分别是纠正性处分与惩罚性处分。纠正性处分的对象包括行为犯，针对行为犯，可以适用渐进性惩处，旨在纠正行为。惩罚性处分适合用于更为严重的问题，比如欺诈、浪费以及虐待。

(2) 非正式处分适用于大多数轻微且不可接受的行为。主管人员可以自主地施加非正式惩处，但应该告知雇员，如果继续出现恶劣行为，将有可能导致正式纪律处分。

(3) 如果行为特别恶劣或者在对轻微不端行为的非正式处分无效时，则适用正式纪律处分。索赔处理办公室与劳工顾问在适当的惩处与相关事项方面为主管人员提供建议与协助。

(4)受处分雇员具有上诉权利。如果雇员在上诉的同时提出歧视索赔，那么上诉权利可能会发生变化。陆军将在行政听证与联邦法院中为纪律处分与绩效处分进行辩护。

(5) 文职人员的法律法规。允许主管人员对文职人员的工作绩效不可接受而采取适当的处分。这些处分包括但不局限于负面评价、特别评价以及额外训练。

3．均等就业机会歧视指控

劳工顾问的一项最为重要的职责是为军事设施中的军官与指挥官提供下属人员均等就业机会方面的建议。文职雇员受到法律、行政命令以及法规的保护，免受各种歧视，包括种族、肤色、性别、原国籍、宗教信仰、年龄、残疾以及性取向。他们也有权免受性骚扰。最后，文职雇员有权投诉他们认为带有歧视的行为。

4．部署考量

文职工作人员对任务的完成十分重要。在全球的演练与行动中，文职雇员都陪伴着陆军单位。因此，在部署规划中，指挥官应该将关于文职雇员的支援、管理以及纪律的诸多法律问题都考虑在内。

八、法律援助

法律援助计划旨在满足军人及其家属的法律需求。法律援助也有助于为部队提供战备、较高的士气、良好的纪律、征募以及维持方面的支持。

1．任务

如陆军条例 27–3“陆军法律援助计划”所述，法律援助计划旨在协助军人及其家属处理个人法律事务。该项计划的第一部分是预防性的：法律援助军官告知军人及其家属法律陷阱、问题以及服务，以便让他们在警备区中或进行野战训练以及部署时避免困难和不必要的支出。该项计划的第二部分是直接为有资质的军人提供法律援助。

2．战备

高层领导经常忽视自己的个人以及法律事务。受此类事务拖累的军人的战斗力会遭到削弱；遇到类似问题的领导也会影响单位的战备以及任务的完成。来自部署与行动的经验教训一次又一次地表明：领导可以采取更多的措施来确保军人妥善处理好自己的个人法律事务，比如遗嘱与授权书。例行的法律援助预约服务就可以在进行部署之前满足大多数军人的法律需求。拥有精确而必需的遗嘱与授权书对于所有的军人来说都是一种有益的做法，而正确地准备此类文档需要充足的时间来进行咨询、建议、准备与审查。在时间有限的情况下，指挥官也应该尽量避免推迟提供针对自己与军人的此类重要法律援助，不要将法律援助推迟到部署之前军人战备计划即将执行的阶段。总的来说，军法参谋较早地参与规划程序与规划程序与军人战备计划将提高战备水平。

3．法律援助资格

一般来说，所有的现役组成部队与退役军人及其家属都有权接受法律援助，后备役部队军人及其家属也拥有同样的权利，但是另有一些限制。另外，陆军文职雇员在进行部署或涉及回复调查报告之类的事务时，也有资格接受法律援助。

4．法律援助服务

（1）陆军法律办公室在许多问题上提供法律援助，这些问题包括家庭法、遗嘱、租约、合同、授权书、与债权人的纠纷、老兵再就业权利、侵权、税务以及针对负面效率报告或调查报告结果的上诉。

（2）法律援助可以包括公证、法律咨询、代表军人拨打电话与书写信函、准备某些法律文件以及协助军人准备联邦与州所得税申报表。有些法律办公室负责协助军人在地方法院处理无争议或简单的法律事务，比如收养、协议离婚或小额索赔。如果接受法律援助，只有薪资级别不高于 E4 级的军人在有较大的经济困难的情况下才有资格享有当庭诉讼代理服务。

（3）军人不用为陆军法律援助付费。如果法律援助办公室不能解决某个法律问题，那么通常会将该法律问题委托给合适的当地律师协会，以便让该法律问题获得一位民间律师。有时会委托给负责为退役人员提供法律援助的后备役部队军法官或单位，且不用军人支付费用。此外，后备役部队军法官个人及其单位经常通过在现役组成部队法律办公室提供法律援助而进行训练。

5．预防性法律

（1）法律援助办公室通过预防性法律来教育军人及其家属规避个人

法律问题。

(2) 反对不良商人的行动是一个解决问题的有效方法。当地武装部队纪律控制委员会可以各种理由建议为各公司设置限制范围，这些理由包括商业实践对部队健康、纪律以及士气产生的不利影响。

九、索赔

陆军索赔系统。依据法令、法规、国际与跨机构协议以及国防部指令所赋予的权力，陆军索赔系统负责在全球范围内调查、处理、裁定并解决由美国提出或以美国为申诉对象的索赔。索赔的种类包括：由军人与其他雇员造成的财产损坏索赔、在职业范围内进行作业的陆军或国防部人员的侵权的索赔，伤害陆军人员或损坏陆军财产的个人提出的索赔。陆军施行的法规是陆军条例 27−20“索赔”。

为指挥官提供支持。陆军索赔系统通过以下方式为指挥官提供支持：防止索赔者干扰作战；通过赔偿陆军人员因服役而产生的财产损失，提升陆军人员的士气；为因陆军或国防部人员造成的人员伤害或财产损坏提供补偿，进而改善与当地人的关系。

美国陆军索赔服务处。在军法署署长的监督下，美国陆军索赔服务处负责管理陆军索赔系统，并任命陆军索赔军官以及索赔律师。军法参谋或其他等级较高的军法官负责运作各个司令部的索赔计划，并管理由美国陆军索赔服务处为司令部指定的陆军索赔办公室或索赔处理办公室。陆军索赔军官与索赔处理办公室负责调查、处理、裁定并解决针对美国的索赔，同时负责确定、调查并主张由美国提出的索赔。

军人不端行为。当索赔源自于军人的不端行为时，陆军条例 27−20 允许扣除行为不端人员的薪资来补偿受害者。

十、军事活动的指挥权与司法审查

1. 联邦法院

联邦法院一贯主张，军事机构的的控制与运作是行政与立法部门而非司法部门，法官不得试图不正当地指挥或干涉军事行动。虽然人们信奉这一基本的司法与政治理念，但是没有个人或组织是凌驾于法律之上的。

2．指挥官的应知

指挥官应该了解以下事项：哪些类型的军事决策与活动会受到联邦法院的审查；联邦法院对指挥的独特需求与条件的认可程度；如何应对法院指令；正确处理法院指令的内部指挥程序与其他法律程序；司令部在受到起诉时陆军部的要求。

3．司法审查的范围

（1）法院遵从军队

①在帕克（Parker）诉利维（Levy）这一重要的军事案例中，美国最高法院表示："虽然军队中的成员同样受到第一修正案的保护，但是军事系统以及军事任务的不同特点要求对这些保护条款进行不同的运用。服从是军队的一项基本需求，因而强制遵守纪律也是必需的，虽然在军队之外是不被宪法容许的，但在军队中却是容许的"。

②当宪法明确地赋予政府的行政或立法部门一项职能时，法院一般不会审查相关事项的好坏。即使宪法并不明确作出规定时，法院也不愿卷入有关军队的问题当中。大多数法院首先会问投诉书是否宣称违反了条例、法令或宪法条款。

（2）违反军事条例与法令可能会面临司法制裁。军官在执行任务时，不得忽视陆军条例。法院普遍认为，违反代表政府利益的条例是无恶意的，但会否决违反代表个人利益的条例。

（3）剥夺军人的宪法权利通常会遭到司法干预。军人拥有有限的言论自由权利，也享有在军事审判与惩罚性行政人事处分中经由法定程序的权利。陆军侵犯军人的上述权利已经引发了针对指挥官与其他军官的许多诉讼。

（4）指挥官要为自身的行为承担责任。

①人们起诉政府的目的通常是强迫政府执行或撤销先前制定的法规。这些诉讼经常指控决策制定者侵犯了个人的宪法权利。个人责任诉讼旨

在从单个政府官员获得损害赔偿金。

②司法部代理大多数受到起诉的政府被告。被控违反宪法的军官将受到名为“有限豁免”的保护。在涉及违反宪法的案例中，如果军官秉公行事且宪法指导中并没有作出明确的规定，那么有限豁免就能够使原告撤销索赔。

4．应对诉讼

（1）对于遵守联邦法院决议、向陆军部总部通知诉讼以及向陆军诉讼部门提交来自部队的诉讼报告，都有严格的要求。在收到任何书面诉讼之后，应立即向军法官征求意见并通知军法参谋办公室，以便正确应对上述法律诉讼。

（2）军法官在诉讼中的主要目标是尽早驳回诉讼，最大限度地减小诉讼对指挥活动的干扰，并使军方的被告免受旨在索要损害赔偿金的诉讼。

第三节 | 军事司法

一、背景

军事司法的目的。军事司法并非仅仅是“穿着军装”的刑事法律。军事刑法的目的是弘扬正义，协助在武装部队中维持良好的秩序与纪律，并在军事机构中提高效率与有效性。

《军事审判统一法典》与军法手册。陆军依据《陆军法规》（Articles of War）来进行军事审判。这些法规是乔治·华盛顿与其他人员在独立战争时期从英国引入的，其原型可以追溯到罗马时期，后来在文艺复兴时期得到改进。在后来的近两个世纪中，对于我们自己的小规模陆军来说，这些法规效果良好。然而，二战期间暴露出来的一些弊端引发了改革的呼吁。1950 年，国会通过了《军事审判统一法典》，以便为所有的军种提供统一的规定。《军事审判统一法典》编入了《美国法典》第 10 卷第 801 ～第 946 节，这些章节通常被称为《军事审判统一法典》第 1 ～第 146 章。依据作为总司令的宪法权力以及《军事审判统一法典》中由国会赋予的权力，总统签署了一项行政命令，制定了军法手册。军法手册包括前言、军事审判规则、军事证据规则、刑罚条款以及不经军事审判之惩罚程序。陆军条例 27-10“军事司法”是有效的陆军条例。

二、提供军事审判法律服务

军法署署长的职责。军法署署长负责对陆军中的军事司法进行全面的监督与管理。指挥官负责管理单位中的军事司法，并且必须与军法参谋就军事司法事务进行沟通。

军法参谋的职责。军法参谋负责为部队提供军事司法建议与服务。

军法参谋将就以下事务向指挥官提供建议：军事审判的执行、指控罪行的处理、不经军事审判之惩罚的上诉以及基于军事审判结果与判决的措施。军法参谋也负责监督以下事项：军事审判的执行与起诉、审判记录的准备工作、受害人、证人援助计划以及军事审判训练。

审判辩护服务中心。美国陆军审判辩护服务中心的军法官在审判辩护服务中心主任（非军法参谋）的监督下，在进行军事审判时代表军人并为军人提供建议。审判辩护服务中心的律师在惩罚性行政听证中也代表军人。另外，值得注意的是，审判辩护服务中心的军法官并不受当地指挥系统的领导。

军事法官。美国陆军审判司法部门的军事法官（处于当地指挥系统或军法参谋技术系统之外）负责以下事项：主持普通与特别军事审判，制定法院规则，维护司法独立与公正，培训审判官与辩护律师，并执行或监管军事审判官职能（审查预审监禁，发布搜查、抓捕或逮捕授权书）。

三、现役陆军司法权

由于 1987 年最高法院在索洛里奥（Solorio）诉美国一案中的裁决，军事法庭的司法权只取决于被告（作为武装部队的成员）的服役状态，而不取决于罪行是否与军队相关。索洛里奥一案中的裁决意味着军事与民政当局都可以对离岗时犯下罪行的军人行使司法权。这一做法通常称为共同司法权。陆军的政策是，如果民政当局因某种罪行已对某一军人提起诉讼，那么陆军便不会因类似或同样的罪行而再次起诉该军人。

四、针对后备役军人的司法权

1986 年军事司法修正案。作为 1986 年军事司法修正案的一部分，国会对《军事审判统一法典》也进行了修订，使军事司法权进一步覆盖了处于现役与非现役训练状态的后备役部队人员。简而言之，后备役部队军人在训练期间出现的不当行为将受到《军事审判统一法典》的管辖。这是一个重大的改变，使得军队能够更灵活地针对在周末训练与非现役训练期间犯罪的后备役军人以及处于服役状态的国民警卫队成员行使军事审判司法权。

连续司法权。考虑到非现役训练时间很短，通常每月只有一个周末的时间，所以军事司法修正案规定，对整个非现役训练周期（包括军人本人并不在非现役训练场所的那些较短的时间段）行使连续司法权。另外，政府还可以强制在训练期间被控违反《军事审判统一法典》的后备役部队军人转入现役（以便执行第32章中的调查、军事审判以及不经军事审判之惩罚）。

审判。现役组成部队召集当局应该熟悉后备役部队司法权的变更情况，只有现役组成部队最高军事法庭召集当局才可以批准将后备役部队军人强制召回至现役部队，以便按照《军事审判统一法典》提起诉讼。如果需要执行预审关押，或如果有可能因军事法庭的判决而引发监禁，那么陆军部长必须事先批准强制召回。

五、指挥官的角色

1. 指挥官的起诉裁量权

（1）指挥官在行使军事司法权时一项最大的权力便是起诉裁量权。例如，决定一例案子是否通过行政方式加以解决，以及在确定通过审判来解决之后，决定哪一级别的军事法庭是合适的，或指控是什么。虽然指挥官应该向军法参谋寻求建议并审查调查报告，但是必须单独作出最终决定。指挥官应该在尽可能低级别的军事法庭中解决案件，这也是军事司法的一个基本主题。

（2）存在多种行政备选方案，包括：劝告、书面或口头训诫与警告、取消通行特权、额外训练、取消或限制特权（军需自取售货店、陆军服务社、在职驾驶等）、酒精与毒品康复计划、行政隔离、军官与军士评估、军职专业重新分类、因效率低下降薪、禁止再应征入伍、重新委派或调任。

（3）作出将违法行为递交至军事法庭的决定通常是比较困难的，且在较严重的案例中会有压力迫使指挥官“采取一些措施”。一个案例只有在召集当局找到以下理由时才能够被递交给军事法庭进行审判：有充分的理由认为已经犯下了必须由军事法庭进行审判的罪行；有充分的理由认为被告犯下了罪行，陈述书中需指控罪行，且军事法庭经过授权（军事审判规定第 601 节 (d) 条 (1) 款）。如果是轻微犯罪，不经军事审判之惩罚或行政备选方案通常是第一考虑。

（4）是否递交给军事法庭的标准与军事法庭中的被告的合法无罪推定并不相冲突。敏锐的指挥官将发现，有时候虽然被告的行为满足了犯罪的法定要素，但是出于同情、司法利益或其他考虑，并不需要采取惩罚措施。同样地，指挥官必须尽量避免利用军事司法系统，以便创造一种良好士气与纪律的景象。但严重犯罪必须依法起诉。

2. 指挥官与辩护职能

指挥官应该明白，我们的宪法、法律、法规以及规章要求辩护律师为自己的当事人进行代理。代理并不是一种折中措施，而是在伦理与法律的范围内进行热忱辩护。指挥官要求辩护律师消极辩护的任何建议都是不合适的，且有可能导致丧失召集军事法庭以及采取其他惩处措施的权力。辩护律师如果未全面且积极地代理当事人，根据《军事审判统一法典》，将被视为玩忽职守，且根据陆军条例 27–26“律师职业行为准则”以及州授权律师协会的规定，应当受到惩罚与制裁。

六、指挥官的选项

本节将讨论在审判前如何处理被告的各种措施，并将考察指挥官可以利用的各个论坛与行政措施。

1. 审判前拘禁

等待军事司法诉讼（包括军事法庭的审判）的军人通常应该继续履行职责（陆军条例 27–10 第 5–15a 段）。如果需要军人出席审判或防止其继续出现严重的刑事犯罪行为，军法手册允许对其进行审判前拘禁。

2. 不经军事审判之惩罚

指挥官可用的最重要的惩戒性工具之一为不经军事审判之惩罚，其适用于行政措施不适当的轻罪。不经军事审判之惩罚总共分为三个级别：简易（Summarized）、正式连级（Formal Company Grade），以及正式校官级（Formal Field Grade），惩罚的严重性依次递增。最高处罚列于陆军条例 27–10 的表 3–1 中。在指挥官处以惩罚之前，军人可以随时要求进行军事法庭审判。指挥官可在《军事审判统一法典》、军法手册以及陆军条例 27–10 中找到相关细节。接受《军事审判统一法典》第 15 条且未要求进行军事法庭审判的军人并不是承认有罪，而只是同意不经军事审判之惩罚的程序。

3. 将案件提交给军事法庭时的总体原则

（1）保持客观。法庭将按照事情的是非曲直客观地考虑案件，指挥官也应该这样做。

（2）迅速采取行动。指挥官及其下属应该在接到违法报告时迅速采取行动。如果在对指控进行行政处理时出现不明原因的延迟，那么可能导致因无法进行快速审判而撤销指控。一般来说，在提交指控或实施审判前拘禁后 120 天之内，政府应该对被告进行审判，这就要求更为迅速地对军人进行审判。

（3）确保指控得到证据支持。不论指挥官如何相信某人有罪，只要没有充分的可靠证据，就不能定罪。审判律师将协助指挥官评估证据，以便确保审判具有正当理由。

（4）考虑个人。指挥官应该选择适合军人罪行的选项，同时考虑被告的背景以及对单位的影响。

4. 军事法庭的种类

（1）简易军事法庭

①简易军事法庭是军事司法系统中最低级别的审判法庭，旨在按照简单的程序处理轻罪。简易军事法庭由一名授衔军官（通常为校级军官）组成。

②简易军事法庭的召集权通常归于营级与营级以上指挥官。简易军

事法庭只审判士兵。简易军事法庭的惩戒权列于表 2–1 中。

(2) 特别军事法庭

①特别军事法庭属于中级军事法庭。特别军事法庭的召集当局通常为一名旅级指挥官。表 2–1 列举了特别军事法庭的惩戒权。

②通常情况下，特别军事法庭至少包括 3 名成员与 1 名军事法官。如果被告提出要求，也可以仅包括一位军事法官。如果被告士兵提出上述要求，那么法庭成员中至少有三分之一必须为士兵。

③特别军事法庭也设有审判律师（起诉人）与辩护律师。审判律师不一定是经认证的律师。但是被告则有权要求在接受审判时由军法署署长指定的军法律师进行代表。在现实审判中，审判律师与辩护律师通常都是具有资质的律师。在所有军事法庭中，被告都有权免费获得民事律师的代表，也可以在保有一位民事律师的同时获得一位指定的军事律师。

(3)“品行不端勒令退伍”特别军事法庭

“品行不端勒令退伍”特别军事法庭与“常规的”特别军事法庭属于同一种类的军事法庭，但有一点不同之处，即该法庭还拥有处以“品行不端勒令退伍”（作为判决的一部分）的权力。其除了记录符合资格的辩护律师与军事法官的详细信息之外，还应该对审判进行逐字记录。在陆军中，只有最高军事法庭召集当局可以召集“品行不端勒令退伍”特别军事法庭。表 2–1 列举了“品行不端勒令退伍”特别军事法庭的惩戒权。

(4) 最高军事法庭

①最高军事法庭是军事司法系统中最高级别的审判法庭，旨在处理更为严重的罪行。只有最高军事法庭召集当局（通常为师级或师级以上指挥官）可以召集最高军事法庭，且必须得到军法参谋的审判前书面建议。最高军事法庭的惩罚仅受限于军法手册第四篇中规定的针对各项罪行的最高惩罚。表 2–1 列举了最高军事法庭的惩戒权。最高军事法庭可宣判军人死刑、无期徒刑、有期徒刑或开除军籍。任何要求通过军事法庭进行审判的军官通常也会由最高军事法庭进行审判，因为只有该法庭可以

将有罪军官判处监禁或免职。

②最高军事法庭由 1 名军事法官与至少 5 名成员组成。如果被告有要求，也可以只包括一名军事法官。除了那些被称为“一级”审判（有可能被判处死刑）的案件之外，在所有其他案件中，被告都可以选择只有军事法官的最高军事法庭。在所有案件中，军事法官都要向法庭作出详细的陈述。在特别军事法庭与“品行不端勒令退伍”特别军事法庭中，经请求之后，士兵也有权要求在审判时，军事法庭的全体陪审员中至少包括三分之一的士兵成员。

③审判律师与辩护律师（经过军法署署长认证的律师）负责代表所有最高军事法庭中的各方。

④除非被告放弃相关权利，否则，一项指控只有在校级军官或接受过法律训练并拥有法律经验的军官进行过彻底且公正的调查之后，最高军事法庭才可以进行审判。调查的目的是：探究指控的真相；确定指控形式的正确性；获得相关信息，以便确定案件的正确处置方式。

⑤在调查听证会上，被告与辩护律师应在场。根据《军事审判统一法典》第 32 条之规定，进行调查的军官的建议仅供咨询，以供召集当局参考。

代替军事法庭审判的行政开除。并不是所有的不良行为都要接受审判。有时候，行政开除而非军事法庭审判更符合司法利益。陆军条例 635–200 第 10 卷规定，如果一名士兵的罪行可能面临品行不端勒令退伍或开除军籍的处罚，那么该士兵可以递交退伍申请，而不用接受军事法庭审判。通常情况下，最高军事法庭召集当局掌握这些申请的批准权。

审判前协议。被告与召集当局可以达成相关协议，同意如果被告承认有罪，作为回报，召集当局将撤销指控或撤消拟对被告的判决。协议必须是书面形式的，这样各方与审查当局才能够了解协议的确切内容。

表2–1 军事法庭最高惩罚

类型	拘禁	罚款	降级	惩罚性退役
法庭	1个月	月工资的2/3（1个月）	降一级（E－5）	
			降至E－1级（<E－4）	无
特别军事法庭	1年	月工资的2/3（1年）	降至E－1级	无
“品行不端勒令退伍”特别军事法庭	1年	月工资的2/3（1年）	降至E－1级	“品行不端勒令退伍”（仅限士兵）
最高军事法庭	参看军法手册第四部分	全部工资与津贴	降至E－1级	“品行不端勒令退伍”（士兵），非荣誉退伍（士兵与准尉），开除（军官）

七、司令部的非法影响

《军事审判统一法典》第37条规定，召集当局企图在审判结果方面影响律师、军事法官或军事法庭陪审团成员是非法的。指挥官必须小心翼翼地确保自己的行为不构成是司令部的非法影响行为。

1．审判前阶段

（1）指挥官可以亲自调查指控，但是在一些较为严重的案例中，应该依靠专业执法人员（比如美国陆军刑事调查司令部调查员或宪兵调查员）的报告。

(2) 在采取惩罚性措施时，指挥官行使的是司法职能，且必须独立确定惩罚是适当的。例如，如果一名校级指挥官认为一位军人的不端行为应该得到连级（company-grade）惩罚，那么该指挥官可以亲自施以适当的惩罚，也可以将该案件发给连长进行处理。但是，较高级别的指挥官不可在将案件发给连长的同时指示其处以连级惩罚或某一特定种类的惩罚，因为这样做会妨碍下级指挥官行使独立的裁量权。

(3) 如果指挥官认为某一案件需要进行更为严厉的处置，不适合在自己的级别上施以处罚，那么可以将该案件提交给更高当局，并提出处置建议。指挥官不得在处置级别方面设定固定、刻板的政策，也不得制定指导方针来为任何种类的案件或罪行提供“适当惩罚”方面的建议。

(4) 虽然指挥官不得指示下级指挥官处以指定的处罚或将案件提交给军事法庭，但是可以行使相关权力，以任何合法的方式处理某些案件。例如，高级指挥官可以指示下属在提交军官不端行为指控案件或非法毒品案件时，一并提交处置建议。

2. 审判阶段

(1) 审判开始之后，指挥官除了授权提供行政支持之外，通常不得积极参与其中。最高军事法庭召集当局可以授予证人豁免权，以便让他们便于作证。

(2) 在司令部非法影响案件的事件中，最少见但最为恶劣的情况是通过对法庭成员施压（迫使他们违背良心作出有罪判定或进行惩罚），从而直接影响审判程序。司令部对法庭成员或证人施加压力从而颠覆司法公正属于刑事犯罪。

(3) 更为普遍的问题是，会对作为证人出席军事法庭的军人产生实际或感知上的歧视。有些下属热切地服从自己的指挥官，可能会从上级的话语中曲解出更多内容。如果下属在相当程度上误解上级指挥官的行动或言语，而这种误解又使得被告无法获得公正的审判，那么就存在司令部的非法影响。

3. 审判后阶段

（1）在审判之后，指挥官有机会审查审判结果，批准或否决裁决，以及批准、暂停、减少或延迟所宣判的判决。在召集当局采取行动之前，军法参谋将在所有最高军事法庭案件与“品行不端勒令退伍”特别军事法庭案件中提供关于处置的书面建议。

（2）《军事审判统一法典》第 37 条规定，指挥官不得就法庭宣判的裁决或判决或者任何其他司法职责的行使情况斥责或警告军事法庭成员、军事法官或律师。它还禁止给予出席军事法庭的法庭成员不利的鉴定或评价。

第四节 | 国际法与作战法

一、国际法

国际法是指文明国家认可的国际协议、国际习惯做法以及一般法律原则在军事行动与活动方面的应用。在美国陆军中，国际法实践还包括影响海外、情报、安全援助、禁毒以及民事援助活动的外国法律、比较法、军事管制法以及国内法。

军法参谋的国际法职责包括：一是执行国防部战争法计划（包括战争法培训），按照战争法在军事行动中的应用情况提供咨询，并监督战争犯罪的调查与审判工作；二是为与美国海外部队相关的国际法律问题提供援助，这些法律问题包括执行军事行动的法律基础、部队地位协定以及外国法律对陆军机构与人员的影响；三是监视陆军人员及其家属在海外的审判与监禁；四是在情报、安全援助、禁毒以及民事援助活动方面提供法律问题援助；五是在国际协议的制定方面为司令部提供咨询；六是与东道国或同盟军国家的法律部门进行法律联络。

二、作战法

作战法是指对军事行动的执行情况产生直接影响的国内、国外法律与国际法体系。作战法的任务是为军事行动的军事决策制定程序、任务指挥以及维持提供支持。作战法包括战争法与国际驻扎协定，但是超出了传统的国际法范围，还包括军法中影响军事行动的执行情况的所有相关方面。军法官负责在所有的军事行动中提供作战法支持。作战法的综合性工具书是军法署署长法律中心与学校作战法手册；但是应该记住，有了这一工具书，并不意味着在执行军事行动前就不需要咨询军法参谋/

作战法军法官（目的是确保军事行动的合法性）。

作战法军法官负责为指挥官的军事决策制定程序提供支持，具体方法有：进行任务分析；编制法律预估报告；设计作战法律支持架构；开展演练；撰写法律附件；协助交战规则的编制与训练；以及审查计划与命令。作战法军法官还负责为任务指挥提供支持，具体方法包括：为目标确定、交战规则的实施以及信息作战提供咨询与协助；核心法律学科中的法律支持。因为当今的许多军事行动属于联合行动，所以在联合出版物 1—04“针对军事行动的法律支持”中可以找到有用的指导。它为跨机构协调活动以及美国在多国行动中的军事参与活动提供了条令基础。联合出版物 1—04 还为作战司令部指挥官以及其他联合部队指挥官行使权力提供了军事指导，同时也为军事行动与训练提供了联合条令。它还提供了相关军事指导，以便武装部队在制订计划时能够利用这些指导。

法律与军事行动中心是陆军军事行动律师的一种资源组织。法律与军事行动中心负责考察军事行动的所有阶段中出现的法律问题，并制定出训练与资源战略来处理这些问题。

作战法中一个更具专业性的领域是现役组成部队与后备役组成部队在国土防御方面的参与情况。国防部部长已经制定了总体原则与政策，以便推动并支持对后备役组成部队（作为作战部队）的管理（国防部指令 1200.17 号“将后备役组成部队当作作战部队进行管理”）。对国内行动更具针对性的指令是国防部指令 3025.12 号“民事骚乱军事援助”，该指令是旨在支持民政当局的国内行动的基础文件。当前人们正在关注国际恐怖主义与大规模杀伤性武器，所以我们可以预见到，现役组成部队与后备役组成部队将为旨在支持国土防御的行动制订计划并参与到行动之中。在上述军事行动期间，作战法军法官可以在法律问题方面提供最新的指导。

三、依据部队地位协定驻扎于海外的美国部队

1．部队地位协定

部队地位协定是一项国际协议，负责定义部署或驻扎于海外的美国部队的权利与义务。司令部的成员必须十分熟悉部队地位协定及其增补条款。在任何部队地位协定中，需要进行讨论与定义的重要事项包括部队、文职人员及其家属。

2．军事司法

（1）司法权是军事司法中的重要考虑事项。部队地位协定必须明确说明是由派遣国（美国）还是接受国（东道国）享有针对某些罪行的司法权。在理想情况下，美国将独自对美国部队成员行使刑事司法权，但是东道国通常不愿意放弃针对更为严重的罪行的司法权。在通常情况下，东道国将保留一些特权，以便对一些针对自己国家的财产或公民犯下的罪行行使司法权。

（2）美国法律一般不允许在平时对美国部队的文职人员、承包商或家属进行军事法庭审判，尽管部队地位协定一般不会就这一问题作出规定。然而，国会已经颁布了相关规定（《美国法典》第18卷第3261—3267条），这些规定将针对文职人员的司法权给予了美国的地方法院。实施这些规定的程序可以在国防部指示5525.11号“针对美国海外武装部队雇用的文职人员或其随行文职人员、特定服役人员以及前服役人员的刑事司法权”中找到。另外，《军事审判统一法典》第2条第（10）节规定，在宣布进入战争状态或进行应急行动时，军事法庭将拥有针对野外武装部队雇用的文职人员或其随行文职人员的司法权。在运用这些条款时，应该咨询军法参谋。

（3）其他相关领域包括：二次审理、为军事法庭出具证人、搜查与扣押以及东道国对美国部队成员的监禁。

（4）如果东道国享有针对美国部队人员的司法权，那么陆军将聘请称职的当地律师，以便为受指控的军队成员提供代表。军法参谋将监视审判。

（5）部队地位协定也应该涉及行政法方面的内容。例如，部队地位协定中的条款将规定以下事项：确定进驻与撤出的必备条件；指定将要提供给美国部队的设施；制定关税与税收的支付要求；规定当地的劳动法是否适用于美国部队雇用的文职人员；海外采购（比如确保驻扎协议规定由美国而非东道国法律来管理美国的采办活动）；索赔赔付（将适用外国索赔法案，以便确定是否对外国索赔进行赔付）。

3．法律援助

部队地位协定通常不涉及国内关系问题与用户事务。适用的法律通常为接受国的法律或美国法律。但是，语言障碍以及对法律制裁与程序规则的不熟悉可能会限制在外国法庭中的追索行为。

4．北约和平伙伴关系部队地位协定

1995 年，北大西洋理事会批准了和平伙伴关系部队地位协定，美国随后也批准了该协定。该协定中的规定与北约部队地位协定相同，只有稍许改动。北约当前包括 28 个独立的成员国。

四、旨在执行常规作战任务的部署活动

军法参谋负责为指挥官提供法律咨询，涉及的内容包括与美国部队执行作战任务的准备与部署相关的各种法律问题。

国际协议。司令部成员必须熟悉美国与其他国家签订的国际协议，这些国家包括美国部队进行部署的国家，也包括与美国签有飞越、通行、集结或其他协定的国家。如果时间允许的话，应该考虑要求军法参谋提供关于上述协议的简报。

凯斯法案。凯斯法案（《美国法典》第 1 编 112 节 b 条）限制了行政部门的成员与外国政府商定协议的能力。该法案还要求国务卿将国际协议的书面文本传达给国会。

国际协议与作战司令部权力。国防部指令 5530.3 号“国际协议”将商议与缔结国际协议的权力委托给陆军部长与参谋长联席会议主席。参谋长联席会议主席又将该权力委托给作战司令部指挥官。

国际协议的商谈、缔结、提交与沉淀的权力与责任。陆军条例 550–51“国际协议”实施了凯斯法案与国防部指令 5530.3 号，并将商议与缔结协议的权力委托（仍有某些限制）给参谋机构以及陆军司令部／陆军军种组成部队司令部／直接报告单位的主官。

美国干预的法律基础。指挥官应该知晓美国在海外用兵的法律基础。这些基础负责定义（也有可能限制）军事行动的目标与执行情况。例如，旨在保护美国国民的行动不得被用于达成其他军事目标。海外用兵的法律基础包括：

（1）保护美国国民。

（2）集体自卫（根据条约或请求），协助一个国家抵御武装攻击／侵略（包括受外部势力支持的国内叛乱活动）。

（3）单方面自卫，目的是抵御针对美国的海外部队或财产的武装攻击。

（4）参加根据联合国宪章第七章得到适当授权的强制行动。

（5）救灾与人道主义援助。

战争权力决议案。在未宣布发动战争或国会未具体批准在国外使用美国部队时，如果美国部队加入到了实际或潜在的敌对行动中，那么战争权力决议案规定总统必须进行咨询与报告，同时还规定了时间限制。一般来说，国会必须批准属于战争权力决议案范围内的时间超过 90 天的部署行动。

作战计划审查。在规划程序的每个步骤当中，军事行动律师都应该审查每份作战计划、应急计划以及行动命令。军法参谋必须协助指挥官制订相关计划，这些计划必须能够使自己在法律的限制范围内完成任务。下列文档规定了军事行动律师在规划程序中的角色。

（1）国防部战争法计划。国防部指令 2311.01E 号“国防部战争法计划”要求各军种确保自己的军事行动符合战争法，并将陆军部长指定为实施计划的执行代理。参谋长联席会议主席指令 5810.01B 号“国防部战争法计划的实施”提供了联合作战领域的更多指导。

（2）合法的军事行动。野战手册 1–04“针对作战陆军的法律支持”

提供了一些宝贵性指导，这些指导涉及战争期间以及发生小规模紧急事件时的作战法律问题与法律支持。

交战规则。交战规则的正式定义是：交战规则是政府制定的一些指令，目的是描述一些情形与限制情况，在这些情形与情况下，其军队将与敌方部队开始或继续进行作战。（联合出版物 1–02“国防部《军事与相关术语词典》”）。各司令部将根据更高总部的指导制定交战规则。在没有替代的交战规则的情况下，这些指导可以在参谋长联席会议的常用交战规则中找到。参看参谋长联席会议主席指令 3121.01B 号“常用交战规则／美国部队常用用兵规则”。

致命武力规则。致命武力规则方面的政策比上文讨论过的常用交战规则更为宽泛，其基础文件包括国防部指令 2000.12 号“国防部反恐计划”以及国防部指令 5210.56 号“致命武力的使用以及从事执法与安全任务的国防部人员的武器持有”。在海外，致命武力规则主要是为了保护部队，且只要美国部队出现，不管是在战区内执行军事行动、演习、过境或离境，都会触发致命武力规则。国防部指令 2000.12 号得到了地区司令部的补充。不过，指挥官必须知道运用部队的后果，特别是在某些东道国中，因为这些国家保留了针对外国部队的刑事司法权，可能会认为美国部队的运用触犯刑法。因此，在当地执行致命武力规则之前，应该获取法律审查与咨询。

战争法。指挥官必须对战争法问题保持敏感，且必须做好相关计划，以便为司令部成员提供相关教育，使他们明白海牙与日内瓦公约以及其他公约与条约的重要条款。下面将重点阐述对指挥官来说最为重要的战争法内容。

1．敌意的监管

（1）三个主要原则形成了该领域的基础

①军事必要性。该原则为采取不被国际法禁止的措施（在最短的时间内为使敌人完全屈服必须采取这些措施）提供了法律依据。该原则使得指挥官可以采取相关措施以促成军事任务（野战手册 27–10“陆地战

争法”第 3 段）。

②防止出现不必要的痛苦。军事必要性并不允许指挥官使用会引发不必要痛苦的武器、射弹或材料（野战手册 27–10 第 34 段）。

③成比例。生命损失以及财产损失必须与所取得的军事优势成比例（野战手册 27–10 第 41 段）。

（2）除了上述三个原则之外，指挥官还必须明白某些武器、目标、策略与报复行为的合法性（野战手册 27–10 第 497 段）。指挥官必须明白美国针对核武器（野战手册 27–10 第 35 段）、生化武器（行政命令第 11850 号与野战手册 27–10 第 38 段）的政策，包括骚乱控制制剂、作战用除草剂使用方面的限制（1993 年化学武器公约以及其他协定）。

2. 日内瓦公约

1949 年的日内瓦公约规定了指挥官必须如何对待战俘（野战手册 27–10 第 3 章）以及战场、海上的伤病人员（野战手册 27–10 第 4 章）。指挥官对作战区中的平民也负有同样的法律义务。在师与师以上级别的部队，指挥官拥有一名负责民事的助理参谋长，任务是协调海外军事行动的政治、社会、文化与经济方面的事务。在部署期间，在编资产可以获得民事单位的增援，这些增援主要来自于后备役组成部队（参看野战手册 3–05.40“民事行动”）。

3. 战争犯罪

指挥官有义务主动调查并报告战争犯罪，同时对犯下战争罪行的人员进行惩罚。此外，在某些情况下，指挥官可能因自己的下属犯下的战争罪行而担负刑事责任（野战手册 27–10）。

4. 冲突后的管理——占领法

交战国占领是指对敌方领土的军事占领。两个熟悉的例子为战后的德国与日本，最近的例子则是伊拉克。

（1）当一方领土处于敌方部队的实际管辖之下时，该领土便被视为处于被占领状态。只有在某领土上已经确立了上述管辖权且能够行使该权力，该领土才可以被称为占领领土。满足了下述两个条件之后，便确立了占领状态：首先，入侵者使得遭受侵略的政府无法公开地行使管辖权；第二，入侵者已经成功地用自己的管辖权代替了合法政府的权力。军事占领不会将主权转移给占领者，占领者的权力只是临时性的；占领者只可以采取维护法律与秩序以及合理管理占领领土所需的一些措施。海牙与日内瓦公约对占领军的准则进行了规定，具体包括：占领军的权力、被占领土的管理、占领区人民的权利、财产以及占领军的安全等。

（2）虽然从法律上来说没有必要发布占领公告，但是应该告知军事占领这一事实（野战手册 27–10 第 357 段）。在二战后的德国，艾森豪威尔将军发布了一号公告。在伊拉克自由行动中，保罗 · 布雷默（L.Paul Bremer，盟军临时指挥当局的文职行政官）于 2003 年 5 月 16 日发布了盟军临时指挥当局一号条例。

（3）终止。占领并不在停战之时终止，而是一直持续到占领区的完全主权被归还给遭推翻的主权国，或是主权由另一个国家占有。但是，在恢复主权之后，美国部队仍然可以根据部队地位协定中规定的权利留在该国并开展运作。

五、安全援助任务

1. 任务的职责

（1）安全援助包括一些法定的计划与权利，依据这些计划与权利，美国可以出于加强美国安全的目的，为外国政府（以及国际组织）提供各种形式的援助与军售。

（2）这些计划旨在协助盟国与友好国家应对安全威胁。

（3）国家安全委员会负责制定总体战略规划与目标。安全援助计划是实现上述目标的一种手段，由负责安全援助、科学与技术的副国务卿进行管理。该副国务卿负责协调通常由美国军方实施的安全援助规划与计划，同时还担任武器移交管理小组的主席，该小组负责提供政策规划并审查安全援助事务。

（4）在美国大使的指导下，在特定国家中的协调工作由美国国家小组完成，该小组由来自美国国内政府各部门的代表组成，包括一名军官（通常为安全援助机构的负责人）。

（5）在国防部中，负责政策的国防部副部长是主要的联系人，也是安全援助事务的政策发言人。国防安全合作局局长负责安全援助计划的日常管理、控制与实施工作。

（6）参谋长联席会议负责为特定的国家与地区制订计划并系统性地审查进行中的安全援助项目，以便确保这些项目符合美国的全球安全利益，并确保军事援助资源的使用方式能够促进美国战略目标的实现。

（7）各军种部负责制订、商议并执行与安全援助计划相关的协议，还负责提供将资产运输到接受国所需的后勤建议与资源以及行政支持。

（8）作战司令部指挥官负责对特定国家内的美国部队行使管辖、指导与控制权。各作战司令部指挥官负责确保自己地理责任区内的所有安全援助计划能够与美国地区防务计划相互协调一致，还负责确定并申请在地区层面达到美国战略目标所需的安全援助资源。

（9）各作战司令部的组成部队司令部也参与安全援助计划的规划与执行。

2. 军事行动律师的角色

军事行动律师负责在各种安全援助与军备转让计划方面为指挥官提供咨询。他们可以在适用的法律与法规要求以及法律解释方面提供咨询，以避免法律困境，同时防止超出安全援助目的。

3. 安全援助计划

国会将安全援助资金划拨给国务院，国务院负责安全援助程序的全面协调工作。国会每年逐个国家、逐个计划地为特定的计划提供资金，这反映出国会对安全援助的重大关切与重要参与。

（1）《援外法案》第一章规定美国负责向各个国家提供经济、农业、医疗、救灾以及其他形式的援助。《援外法案》第二章授权美国在接到请求并经国会批准之后向友好国家与国际组织提供安全援助。

（2）对外军事融资计划。对外军事融资计划的目的是使美国的盟国与友邦能够通过采办美国的军用物品、服务与训练来提高自身的自卫能力。现代武器系统成本高昂，这意味着对外军事融资计划主要是一个资助计划。根据安全援助政策，对外军事融资计划是向其他国家提供的军事援助的主要组成部分。

（3）国际军事教育与训练（《美国法典》第 22 编第 2347 节）。国际军事教育与训练授权美国总统每财年可以划拨特定数额的资金，以便为外国的军事与相关文职人员提供军事教育与训练。实施教育与训练的地点可以是美国，也可以是国外。

（4）扩大化的国际军事教育与训练（《美国法典》第 22 编第 2347 节）。扩大化的国际军事教育与训练允许总统为外国文职官员提供防务监督职责方面的训练，同时为他们的军队提供人权、民主社会中军方的角色、军事司法系统以及禁毒行动等方面的训练。

（5）反恐援助。该计划授权总统每财年拨配一定数量的资金来为外国提供援助，以便提高这些国家的执法人员阻止恐怖分子活动的能力。

（6）经济支援基金（《美国法典》第 22 编第 2346 节以及下列等）。该计划授权总统在美国利益需要的前提下向特定国家提供一定数量的经济支援。根据计划，经济支援基金旨在促进受援国的经济或政治的稳定性，但该基金不能用于军事或准军事目的。

（7）维和行动（《美国法典》第 22 编第 2348 节以及下列等）。该计划授权为友好国家与国际组织提供维和行动援助。该项授权可用于提供财政资源、装备与补给或服务。

（8）禁止用于警察训练（《美国法典》第 22 编第 2420 节《援外法案》第 660 节）。陆军不得利用《援外法案》资金来为外国政府的警察、监狱或其他执法力量提供训练、咨询或财政支持，也不得为外国政府的任何国内情报或监视计划提供相关支持。无常备武装部队且未侵犯人权的长期民主国家不受《援外法案》第 660 节的限制，其他国家也可以享受特定的法律豁免权。另外，陆军可以为主要从事禁毒活动的外国警察人员提供训练，也可为从事冲突后恢复工作的警察队伍提供训练。

(9)《武器出口控制法案》(《美国法典》第22编第2751节以及下列等)。

①《武器出口控制法案》通过政府间的各种协议为武器、其他军事装备以及各种防务服务的转让作出了规定。《武器出口控制法案》制订了对外军售计划。按照该规定，国防部从美国公司采购军事装备或服务，或直接从美国库存中提出装备，然后将这些装备或服务出售给外国政府或国际组织。国防部人员的服务（比如训练或管理咨询）也可以出售。其中规定了相关授权，可以向符合资格的接收者出租国防部库存中的防务用品。《武器出口控制法案》还授权总统为防务用品与服务的销售提供融资，或保证向友好国家或国际组织提供融资支持。我们应该注意到，根据《武器出口控制法案》制订的对外军售计划并非资助计划。根据《武器出口控制法案》，其防务用品与服务不得无偿提供给外国。

②《武器出口控制法案》需要每年进行修订，且包括复杂而敏感的法律要求、禁令与限制。一个重要的实例是《武器出口控制法案》第2761(c)(1)节，该节禁止人员以任何“作战性质”的身份提供防务服务。该条款有效地禁止了美国军事训练员或顾问与受援国从事作战活动的单位单独随行。

③交货与验收单是一种文档，用于实现依据《武器出口控制法案》进行的转让活动，同时也详细地阐述了向特定国家提供防务服务的国防部人员的地位。这些人员通常享有特定的行政与技术特权与豁免权。换句话说，他们享有有限的外交豁免权。

(10) 其他法律

指挥官还应该明白针对特定的国家与事件的安全援助方面的法律。其中针对特定事件的条款有：

①限制或禁止向侵犯人权的国家提供援助（《美国法典》第22编第2304节“人权与安全援助”)。

②禁止向非法没收美国财产的国家提供安全援助。

③禁止向有下述行为的国家提供安全援助：向任何其他国家提供核浓缩或核处理设备、材料或技术；或从任何其他国家接收上述设备、材

料或技术；禁止为向非核国家转让核爆炸装置的国家提供安全援助；接收或引爆核爆炸装置的非核武器国家同样也不能接受安全援助资金。这些禁令只有很少的例外情况，需要总统证明如果终止对上述国家的援助将损害美国的国家安全。

④如果任何国家拖欠美国的应还债款超过6个月，那么必须全面停止对该国的对外援助。

六、海外演练部署

1．可能的法律问题

在进行海外演练部署之前，军法参谋必须考虑行动的各个方面，以便能够处理好所有可能的法律问题。这一流程与常规作战任务部署所需的流程基本相同。

2．海外训练演习

海外训练演习的次数较多，这就要求指挥官明白与以下活动相关的法律：施工活动、训练活动以及与演习相关的民事与人道主义援助。

3．支持训练演习的施工活动

（1）国会已经通过了与由参谋长联席会议协调或指导的与演习相关的海外施工活动以及非特定小型军事项目的资金提供相关的法律（《美国法典》第10卷第2805节“非特定小型施工活动”）。

（2）国会还制定了一些指导方针，以便确定为了支持军事训练演习而建造的项目成本：

①材料、补给以及政府提供的设备的运输成本不包括在内。

②劳动人员的旅行与日常开支以及由非国防部机构提供的材料、补给、服务与燃料的成本不包括在内。

（3）国会还批准了总审计官的一项决定，即在演习结束后，可以全部移除的小型或临时性质的结构（比如帐篷平台、野营厕所、靶场靶标以及可移动结构）通过运作与维修演习账户获得资金。

（4）考虑到适用于与演习相关的施工活动的法律与规定在不断演变，

战区的作战与规划人员应该在对演习施工活动进行规划前咨询作战司令部的法律顾问。

4. 训练活动

出于互操作性与安全目的，参加海外演习而部署的单位可以使东道国部队熟悉美国的装备。当联军演习上升到与安全援助计划提供的训练不相上下的正式训练水平之后，陆军必须满足安全援助要求。《美国法典》第 10 卷第 2011 节“特种作战部队：与友好国家部队进行训练”允许美国特种作战部队与友好国家部队一起执行训练任务，前提是这些任务的主要目的是训练美国特种作战部队。

5. 人道主义与民事援助（《美国法典》第 10 卷第 401 节）

（1）军法参谋随时能够在可以向东道国的国民提供的人道主义与民事援助的范围与性质方面向指挥官提供咨询。国防部指示 2205.2 号“人道主义与民事援助活动”以及国防部指示 2205.3 号“执行人道主义与民事援助计划的程序”负责实施人道主义与民事援助计划并给出详细的程序。

（2）人道主义与民事援助活动旨在：推动对外政策，促进美国以及人道主义与民事援助的受援国的国家安全利益，并提升参与援助活动的美国武装部队的特定的作战战备技能。人道主义与民事援助包括：

①在农村地区提供的医疗、牙科与兽医服务。

②基础道路与桥梁的建造。

③打井以及基础环境卫生设施的建造。

④公共设施的基础建设与修复。

⑤探测并排除地雷，包括提供与之相关的教育、训练与技术援助。

（3）人道主义与民事援助的受援对象只可以是经国务卿（按照国防部请求）批准的那些国家。

（4）除了一些“很小规模”的开支之外，只有划拨为人道主义与民事援助的资金才可以用于人道主义与民事援助。运作与维修资金可以用于“很小规模”的开支。

七、较小规模的紧急事件

较小规模的紧急事件通常发生于以下三种级别的冲突之一的背景中。美国针对特定形势的响应活动以冲突的级别以及适用的国际法为基础。军法参谋必须在以下方面为指挥官提供咨询：美国针对相关形势的响应活动的法律基础；与美国执行的安全援助计划以及演习相关的法律问题。较小规模的紧急事件的实例包括：和平强制行动、维和行动、非战斗人员撤运行动、力量展示行动、游行、突击搜捕、反暴乱、反恐、反毒品、国家援助、救灾以及民事支援。

冲突的三个级别为：

（1）第一级别：针对合法政府的破坏性行为。

①该级别的冲突包括由个人以及小规模、组织松散的团体发起的一些行动。他们通过宣传、抗议与示威游行煽动不满，也从事颠覆、暴力与非暴力的暗中破坏及恐怖主义活动。

②国家的国内法适用于这些个人与团体。国家可以将他们视为普通刑事犯，因为他们的活动并没有相关的国际法律进行界定。

③第三方国家不得为从事这些活动的人员提供帮助。这些国家有义务防止自己的领土被从事破坏活动的人员用来当作行动基地。

④美国与受法律承认的政府之间开展的活动一般包括安全援助、武器转让计划以及联合训练演习。

（2）第二级别：叛乱。

①叛乱的特点是针对合法政府开展有组织的军事行动。叛乱分子可能会对国家的部分领土与部分人口行使控制权，也有可能针对合法政府开展各种形式的破坏活动。

②叛乱分子必须根据国家法律进行处理。不过，他们受到 1949 年日内瓦公约第三章中的条款保护。

③第三方国家不得协助叛乱分子，但是可以承认他们对部分领土与人口行使控制权。第三方国家给予合法政府的援助是否具有合法性，主要取决于叛乱活动是否受到外部势力的支援或控制。在有些情况下，向

合法政府提供的援助可被视为非法干涉。如第一级别的冲突一样，第三方国家同样有义务防止自己的领土被叛乱分子当作行动基地。

④假设美国干涉是合法的，那么就可以提供全部种类的安全援助来支持合法政府，可以单方面运用美国作战支援部队。

（3）第三级别：交战。

①当叛乱分子拥有自己的政府与军事组织，其军事行动根据战争法进行展开，有效控制了一定百分比的领土与人口，而且冲突变得旷日持久时，冲突便升级为交战级别。

②武装冲突法适用于交战，依据国际法，交战双方之间的战争拥有类似的地位。第三方国家如果向交战双方中的任何一方提供任何援助，都将被视为与另一方进入战争状态。此外，第三方国家参与到冲突之中，赋予了该冲突的国际特征。

③美国的响应活动包括适当的单方面或地区性军事措施。美国可以在冲突达成停火之后参加维和行动。野战手册 3–07“维稳行动”与联合出版物 3–07.3“和平行动”阐述了这些行动与任务的种类。

特种作战。特种作战任务在法律与政治上比较敏感，特别是在没有国际武装冲突的情况下。指挥官不仅必须考虑传统的战争法问题，还必须考虑美国国内法的要求（比如财政、安全援助与情报监督法律或与心理战相关的国防部指令）以及更广泛的国际法要求（比如共同防御条约以及东道国支持协议中的要求）。配属给特种作战单位的军法官必须参与任务规划与执行工作的所有阶段，以便确保符合美国法律与政策。

第五节 | 合同法与财政法

一、概览

合同法是国内法、国际法在货品、服务及施工活动采办方面的应用。财政法则是国内法令、规定在军事行动资金供应方面的应用。合同法与财政法的实践包括：战场采办、紧急事件合同签订、投标抗议与合同争议诉讼、采购诈欺监督、经济法案转变、商业活动、采办与交叉服务协议以及为非联邦机构与组织提供支持。

军法参谋在合同法与财政法方面的职责包括：在合同签订程序的所有阶段中为采购官员提供法律咨询与援助，包括在适用于承包商的劳动法、环境法、知识产权法以及税务法方面提供咨询；确定资金的正确使用与支出；为司令部提供相关的法律咨询，以便应对战场采办、紧急事件合同签订、后勤民事增援计划、商业活动计划、后勤支援跨机构协议、海外不动产与施工活动、对外军售案以及面向非联邦机构与组织的支持。

二、合同的法律审查

指挥官应该确保在下属的合同签订过程中，军官能够与法律支持人员进行密切合作。陆军部的政策要求法律顾问执行以下事项。

（1）全面参与整个采办程序。

（2）充当合同签订军官团队中的一员，在采取行动的法律充分性方面提供咨询。

法律顾问必须告知合同签订军官以下内容：拟议行动是否具有法律充分性；任何不充分之处的详细信息；用以弥补不充分之处的建议性行动方案。合同订立机构负责人负责处理合同签订军官与法律顾问在法律充分性方面的分歧。法律顾问可以为指挥官提供协助的其他采办内容包括：

（1）不满竞标人的投标抗议。

（2）合同执行情况方面的问题。

（3）承包商请求进行合理调整或修改合同。

（4）依据合同的“纠纷条款”或 1978 年的合同纠纷法案（《美国法典》第 41 编第 601 ～第 613 节）提出合同诉讼。

（5）与商业活动计划相关的问题。

（6）与非拨款基金合同签订相关的问题。

（7）与政府合同的资金供应相关的问题。

三、财政法

财政限制。宪法赋予了国会征税、借债以及为联邦机构拨款的权力。依据这些明示的宪法权力，国会严格地限制行政部门将公共资金划为偿付专款并支出。国会通过拨款程序监管几乎所有的行政部门计划与活动。如果违反国会制定的财政程序，将使违反者可能受到严厉的人事惩处，甚至受到刑事处罚。财政限制主要分为三种。

（1）只有出于适当的目的，机构才可以将拨款划为偿付专款并支出。

（2）机构必须在适用于某项拨款的时间期限内将其划为偿付专款（例如，运作与维修基金可被划为偿付专款的期限为一个财年）。

（3）偿付专款不得超出国会确定的额度。

1．拨款的可得性（就目的而言）

（1）《美国法典》第 31 卷 1301 节 (a) 条中的“目的法规”规定：除非法律另有规定，否则拨款只能用于既定的目的。在确定如何实现某项拨款的目的方面，国防部拥有裁量权。

（2）按照规定，国防部已经将大多数类型的支出归入了特定的拨款当中。这些各不相同的拨款包括：用于日常运作的运作与维修拨款、紧急事件基金拨款、军事施工拨款以及更为具体的军队家庭住房拨款。

（3）花费在将官住宅上的资金将得到仔细审查。与绝大多数的家属住房单元相比，将官住宅更为古老，面积也更大。其中有许多在历史与建筑方面具有重要意义。这些因素往往使得这些住宅的运作与维修成本很高。陆军条例 420—1 第 3 章第 8 节“陆军设施管理”为将官住宅的资金使用制定了详细的程序，这些程序必须经常查看。各位将官有责任了解维护自己的住宅花费了多少资金，且必须熟悉成本限制与审批级别。有意或无意地滥用资金可能会面临起诉以及尴尬且昂贵的调查。

2. 拨款的可得性（就时间而言）

（1）拨款只有在一定的期限之内才具有可得性。机构必须在可得性期限之内依法划拨偿付专款来进行支付。如果款项未在其有效期内划为偿付专款，那么这笔款项便不再具备可得性。

（2）《美国法典》第 31 卷 1502 节 (a) 条中的“真实需求”法规规定：在一定期限内划为偿付专款的拨款或基金余额只可用于支付在可得性期限之内合理产生的支出，或是用于履行在可得性期限内合法签订的合同。

①补给品

a. 在需要补给品的某一周期内，补给品属于该周期的真实需求。因此，在某一特定财年当中，维持运作所需的补给品属于该财年的真实需求。

b. 在下列两种情况下，在某一财政周期内预定而在下一个财政周期内才需要的补给品属于前一个财政周期的真实需求。

(a) 库存例外条款。当需要补给品来达到核定的库存水平（补充日常运作所需库存水平、安全水平、机动需求、核定备用库存等等）时，便产生了对补给品的真实需求。

(b) 交货期例外条款。如果货品或材料在需要时从公开市场上无法获得（原因是它们的定购、生产、制造与交付需要一定的时间，必须在前一个财年当中进行采购），那么这样的补给品就属于前一个财年的真实需求。

②服务

按照一般规定，服务在哪一个财年进行提供，就被视为该财年的真实需求。还有一种法定例外情况（参看《美国法典》第 10 卷 2410 节 a 条），防务机构可以签订某个合同来采购可以分开的服务，服务期限始于前一财年而结束于下一财年，只要合同的期限不超过一年（无论是否选择延长合同期限）。根据上面的规定，用于某一财年的资金可以被划为偿付专款来支付所签订的整个合同。

3. 拨款的可得性（就数额而言）

（1）分配

管理与预算办公室将拨款分配给各个机构，以便在其可得性期限内用作偿付专款。各机构将这些资金再细分给各下属机构。在陆军中，执行机构／陆军司令部／陆军军种组成部队司令部／直接报告单位是《美国法典》第 31 卷 1517 节“禁止的偿付专款与支出”规定必须实行正式的行政性细分款项的最低司令部级别。

（2）禁令

预防赤字法案。《美国法典》第 31 卷第 1341 节、1342 节、第 1349 节、第 1517 节等禁止任何政府军官或雇员从事以下活动。

①生成或授权超出拨款额度的支出或偿付专款。

②在获得拨款之前划拨偿付专款（除非得到法律授权）。

③生成或授权的支出超出了正式的资金细分款额度，或是超出了依据《美国法典》第 31 卷 1514 节 (a) 条制定的法规所允许的额度。

④接受政府雇员或承包商提供的未授权的自愿服务（《美国法典》第 31 卷第 1342 节）。

（3）指挥官职责

指挥官如果知道可能违反预防赤字法案，则必须迅速进行调查并上报。如果情况得到证实，则必须将违反情况上报给国防部、国会及总统。

在出现资金缺口与持续决议案时政府的运作。在持续决议案期间，陆军一般不得启动或扩大现有的计划、项目及活动。政府继续开展运作，资金的消耗速度与前一财年的速度相同，或是速度更慢一些。陆军的各项活动应该得到管理与预算办公室以及陆军审计官（负责确定在无拨款情况下陆军可以继续开展哪些活动）的指导。

第六节 | 小结

本章旨在为指挥官及其他相关人员在执行任务的过程中可能遇到的各种法律问题提供一份指南。由于法律与法规是不断变化的，所以本章只能当作参考资料。必须记住，在特定的情况下，陆军的军法官与陆军文职律师能够提供最新的法律信息。在任的陆军军法官与文职律师随时准备在陆军领导每天面临众多复杂的法律问题方面为指挥官提供咨询。指挥官应该与司令部的法律顾问建立密切的职业关系。除了在行动的合法性方面提供咨询之外，军法参谋还可履行更多的职责。他们可以协助指挥官实现部队目标，还可以为指挥官及其参谋人员提供良好的建议与判断。

第三章
陆军部的民事职能

“我坚信，如果没有工兵部队这样一个平时组织，也没有工兵部队在人力、方法、训练与补给方面的资源以及多年以来它与军队建立的密切协作关系，那么二战时太平洋区域的历史所记录的将是更多的伤亡而非成就”。

——1947 年陆军参谋长德怀特·D. 艾森豪威尔将军在众议院武装部队委员会上就 3830 所做的证词。

☆ 第一节 | 引言

一、民事职能的定义

传统上由陆军部执行的一些活动通常被称为民事职能。这些职能中最为广泛的是由美国陆军工兵部队负责的土建工程计划。土建工程计划侧重于开发、保护与恢复国家的水利以及相关土地资源。实施并运作土建工程项目的目的是商业航行、洪水风险管理、环境恢复、水力发电、娱乐、市区与工业供水等。民事职能也包括美国陆军工兵部队针对与国防无关的联邦政府机构、州与地方机构以及非专门支持海外美国部队的美国陆军工兵部队海外机构的工程与建设方面的支持。

二、授权、国会监督以及资金供应

与土建工程计划相关的财政以及人力资源主要依据《水资源开发法》进行授权，并由《年度能源与水利开发拨款法案》（非国防拨款）提供资金。依据上述法案获得的计划资金通常为每年 50 亿～ 60 亿美元。通过补充拨款法案也会提供额外的资金。2009 财年的一份补充拨款法案提供了超过 57 亿美元，用来重建与改善新奥尔良地区的防洪工程。《美国复苏和重建法案》额外提供了 46 亿美元，用于全国范围内的施工、运作、维护以及其他活动，使得当年的总体预算计划的资金超过了 165.6 亿美元。2010 财年的资金包括一笔 54.45 亿美元的常规拨款、一笔 2.17 亿美元的补充拨款以及先前年份结转的资金。1986 年的《水资源开发法》以及随后的《水资源开发法》要求州与地方政府赞助方为大多数土建工程活动提供部分资金。美国陆军工兵部队针对其他非国防机构的支援活动由这些机构提供资金，由联邦应急事务处理局拨款的应急响应活动也包括在内。国会委员会，比如众议院运输与基础设施委员会的水资源与环境下属委员会或参议院环境与公共工程委员会的运输与基础设施下属委员会，负责立法监督与授权立法，而众议院与参议院拨款委员会的能源与水利开发下属委员会则负责提供拨款。虽然在融资与监督方面它们与其他陆军计划有所不同，但是民事职能是陆军总体任务以及陆军为国家提供的服务的不可分割的一部分。

三、与作战能力的关系

民事职能负责补充并强化陆军的作战能力，使其能够应对各种冲突。民事职能可以支援国家安全战略，具体方法是在不必额外耗费国防部军事预算的情况下维持一支训练良好、准备就绪的工兵部队，且在人员分配方面花费很小。由土建工程计划提供资金的工作岗位中，有超过 1 万名工兵雇员已经被短期部署至伊拉克、阿富汗以及其他海外地区。另外，截至 2010 年 9 月 30 日，在伊拉克与阿富汗工作的工兵文职人员达到 1 060 名。通过美国陆军工兵部队的“寻求后援”计划，作战司令部指挥官也可以利用存在于土建工程计划中的工程技术。

四、领导与组织

负责土建工程的陆军助理部长。根据特定的法律条款、陆军部长的通令以及陆军部内部规章，负责土建工程的陆军助理部长被赋予民事职责。负责土建工程的陆军助理部长直接对陆军部长负责。在 1970 年洪水控制法案的第 211 节“公法 91–611”中，国会确立了负责土建工程的陆军助理部长这一职位，并在 1986 年戈德华特－尼科尔斯国防部改组法案的第 501 节“公法 99–433”中对该职位进行了再次确认。戈德华特－尼科尔斯国防部改组法案规定，负责土建工程的陆军助理部长的职责包括全面监管与保护水利资源以及开发计划相关的陆军部职能，具体包括洪水风险管理、导航、环境恢复与管理以及其他相关事项。

美国陆军工兵部队。大多数陆军民事职能是由美国陆军工兵部队履行的，该部队包括800名军事人员与3.5万名文职人员，负责以下事项：提供不动产服务；执行研究与开发；开展规划与工程研究；为陆军、空军、其他联邦机构以及外国政府设计并修建军事设施。

工兵主任。工兵主任同时担任陆军部总部主要参谋与指挥官，负责指挥美国陆军工兵部队。工兵主任与主管民事与应急行动的工兵队副司令向负责土建工程的陆军助理部长报告土建工程计划。工兵主任管辖9个区，其中有8个区担负土建工程任务。这些区下面又细分为45个分区，其中有38个分区位于美国国内，美国本土负责土建工程计划的区以及分区的界线一般都沿着分水岭与流域盆地，具体如图3-1所示。这些图表反映出了工兵部队的水利资源任务（军事施工分区一般沿着州界线）。

海外办事处。陆军工兵部队还包括多个海外办事处，担负的任务包括：支援美国部队修建建筑；援助其他国家与国际组织；以及支援其他美国海外机构。

（1）太平洋区的总部位于夏威夷的火奴鲁鲁，包括几个下属分区，分别是夏威夷、阿拉斯加、日本与韩国。

（2）北大西洋区包括欧洲分区与5个美国本土分区。

（3）2009年10月，美国陆军工兵部队成立了泛大西洋区，总部位于弗吉尼亚的温彻斯特。另外，还成立了4个分区，其中两个位于阿富汗，一个位于伊拉克，一个负责中东其他地区的美国陆军工兵部队的活动。

（4）有几个以美国本土为基地的分区也执行海外任务，比如莫比尔分区支援美国南方司令部。

（5）陆军工兵部队中的其他组织。

①陆军工程研发中心（陆军工兵部队研究与发展司令部）位于密西西比州维克斯堡（Vicksburg），该研发中心包括7个实验室。

②美国陆军工程与支援中心位于亚拉巴马州亨茨维尔（Huntsville），负责为全国广大范围或工兵部队通常不会提供相关服务的计划提供工程与技术服务、计划与项目管理、施工管理以及创新的合同签订方案。

③美国陆军工兵部队财务中心位于田纳西州米林顿（Millington），

负责为整个工兵部队提供财务与会计职能。

④汉弗莱斯工程中心支援机构位于弗吉尼亚州贝尔沃堡（Fort Belvoir），负责为美国陆军工兵部队总部与各个战地办事处提供行政与作战支援。

⑤海事设计中心位于宾夕法尼亚州费城（Philadelphia），负责在平时提供规划、工程与造船合同管理服务，以便支援工兵队、陆军以及国家的水利资源项目，并在全国紧急状态或动员时增援军事施工能力。

⑥水资源研究所位于弗吉尼亚州贝尔沃堡（Fort Belvoir），负责支援土建工程处与其他工兵部队司令部，制定并运用新的规划评估方法、政策与数据，以便预估不断变化的水利资源管理条件。

⑦美国陆军工兵部队后勤机构位于田纳西州米林顿，负责向工兵部队提供后勤支援，具体内容包括供给、维持、战备、装备、运输、旅行、航空、设施管理、综合后勤支持支援、管理控制以及战略规划。

⑧企业基础设施局负责为工兵部队设计信息技术标准，具体包括自动化、通信、管理、视觉信息、印刷、记录管理以及信息安全。企业信息系统将自己的信息技术服务的维护工作进行了外包，组成了陆军信息技术工程兵。陆军信息技术工程兵的组成包括文职政府雇员与承包商。

⑨可部署战术作战系统提供流动任务指挥平台，以便使陆军工兵部队能够迅速执行初始应急响应任务。可部署战术作战系统旨在响应分区、区、全国以及国际事件。

⑩第249工兵营负责提供并分配基本电力，以便支援作战、救灾以及维稳行动，同时在电力与配电系统的所有方面提供建议与技术援助，也负责维护陆军的发电与配电战备物资。

⑪第911工兵连负责为华盛顿特区大都市区提供专门的技术搜救，也是联合部队司令部及国家首都地区的重要支援成员。联合部队司令部负责美国首都地区的国土安全。

⑫美国陆军后备队的第412战区工兵司令部，位于密西西比州维克斯堡。

⑬ 美国陆军后备队的第416战区工兵司令部，位于伊利诺伊州达连恩（Darien）。

私人部门的角色。私人部门是工兵小组的一个重要辅助力量。私人建筑公司承担了工兵部队几乎所有的建筑工作，雇用的人员一度达到30万。工兵部队在其超过一半的设计工作以及所有的施工工作中雇用私人建筑、工程以及建造公司。2009财年，美国陆军工兵部队签订了价值超过90亿美元的土建工程外包合同。在这90多亿美元的合同中，有38.7亿（42.7%）是与小公司签订的，其中包括9.73亿（10.7%）是与小型公司签订的。美国陆军工兵部队与私人部门的合作关系代表着数十万建筑师、工程师以及建筑工人的一个力量倍增器，他们时刻做好准备以便在出现紧急情况时支援国家。

第二节 | 土建工程计划

一、土建工程计划活动

计划。土建工程计划负责水利以及相关土地资源的全国性开发与管理工作，包括洪水风险管理、航行以及生态系统与其他环境恢复项目的规划、设计、施工、复原、运作与维护，也包括多功能水利资源项目。

在新的水利资源建设项目的制定与授权过程中，土建工程规划职能是工兵部队总体土建工程计划的基础。完工后的工兵部队项目包括水力发电、供水系统、休闲设施以及自然与文化资源管理，这些项目总共包括大约 1200 万英亩[①]陆地与水域。除了联邦直接投资计划之外，土建工程计划还包括一项重要的管控任务，是负责按照 1899 年的《河流与港口法案》管控通航水域的建设项目。陆军工兵部队还负责按照 1972 年的《清洁水法》管控美国水域（包括湿地）内的疏浚与填充材料的沉积情况。土建工程计划还包括应急抗洪、救援行动以及防洪工程的修缮与恢复，所有这些工作都是按照公法 84—99 中规定的美国陆军工兵部队拥有的权力执行的。作为主管公共建设与工程的规划与运作牵头代理机构，美国陆军工兵部队还负责按照国家响应计划（见第 5 章）中的规定履行国防部的相关职责，支持联邦应急事务处理局与其他联邦机构。

资金来源。土建工程计划通过年度《能源和水资源发展拨款法案》获取大部分资金，这些法案拨付的资金来自于内河航道与港口维护信托基金以及一般税收。该计划还接受非联邦项目赞助方的资金，这些赞助方根据国会制定的公法 99—662“1986 年《水资源开发法》”以及后续的水利项目授权法案中的规定，共享研究与建设成本。2010 财年的土建工

① 1 英亩 =4047 米 ^{2}。

程计划资金总额为66.52亿美元。在这一总额当中，54.45亿美元作为常规拨款由国会拨付，2.17亿美元作为追加拨款由国会拨付，8.93亿美元由非联邦赞助方提供，8 500万美元来自于沿海湿地信托基金路易斯安那州沿海工程款，还有1 700万美元来自于特许与使用费。

1. 经济基础设施

（1）美国陆军工兵部队一直是良好的水资源基础设施的开发、建设与维护工作的主要贡献者。商业航行与洪水风险管理是土建工程计划的长期任务，其中航行职能包括改善并维护负责全国所有海上贸易的港口以及五大湖的港口。利用来自于港口维护信托基金的资金，美国陆军工兵部队负责维护183个大型港口（每年处理超过25万短吨①货物）以及743个较小型港口的适航性。因为有超过1 500万个美国工作岗位依赖美国进出口贸易，所以全国的商业港口对美国经济安全极其重要。美国陆军工兵部队已经建设了长达12 000英里②的近岸与内河商业航道网络，并在192个地点运营着238处船闸室。该航道网络的主要航段包括：密西西比河下游（1015英里）；密西西比河上游（936英里）；俄亥俄河（981英里）；田纳西河（785英里）；密苏里河（735英里）；阿肯色河与怀特河（706英里）；哥伦比亚－斯内克河系（468英里）；南大西洋海岸（1 111英里）；墨西哥湾沿岸水道－西部（1 501英里）；墨西哥湾沿岸水道－东部（431英里）。内河航道设施的主要改善工作的一部分资金由内河航道信托基金提供。每年在这些航道上运输的商贸货物超过6亿短吨，维护港口与内河航道系统需要每年清理超过2亿立方码③疏浚物。

（2）美国陆军工兵部队与美国国土安全部下属的联邦应急事务处理局共享相关专门技术与授权，以便在全国范围内处理易于遭受洪水灾难与破坏的薄弱之处。自19世纪以来，美国陆军工兵部队一直参与防洪活动，地点主要在俄亥俄河与密西西比河。1927年，密西西比河流域暴发

① 1短吨=0.907吨。

② 1英里=1609米。

③ 1立方码=0.765厘米^3。

了大面积洪灾，1928 年，美国陆军工兵部队建设了密西西比河及其支流防洪工程，防洪工作也发展到了一个新的水平。1936 年，洪水控制法案确立了联邦在洪水管控中的作用。自此，美国陆军工兵部队的职责范围得到了扩展，包括了以下事项：制定结构性或非结构性解决方案来管理洪水风险；检查现有的洪水管理基础设施的状态；为州与区提供技术与规划支持；采取事先应急措施减轻即将到来的洪水影响；修复遭到洪水破坏的堤坝与其他洪水管理基础设施。在洪水风险管理方面的国家投资中，每投入一美元，可以减少超过 6 美元的洪水损失，甚至在扣除通货膨胀因素之后也是如此。

土建工程项目寻求利用结构性措施（比如水库、堤坝、改善过的渠道以及防洪堤）来减少与洪水相关的损失。非结构性措施也有助于该项任务的完成，这些措施包括：为当地分区的规定提供建议与鼓励；单个家庭防洪；将洪泛区的土地预留为空旷地。

洪水风险管理工作包括小型的当地保护项目，也包括大型的湖泊与水坝。今天，美国陆军工兵部队维护并运营着 383 处水坝与水库，目的是预防洪灾。自 1986 年通过《水资源开发法》以来，大多数上述项目都是以合资企业的形式修建的，由联邦政府与非联邦赞助方共同出资。美国陆军工兵部队负责运营并维护大多数水坝，但是对于大多数其他项目，包括约 11 750 英里防洪堤，在建成之后都由赞助方运营并维护。

（3）美国陆军工兵部队通过各种类型的授权与计划来提供洪水管理援助。例如，通过洪泛平原管理局计划，美国陆军工兵部队为州以及当地社区提供信息、技术援助以及规划指导（由联邦政府支付费用），以便帮助他们处理洪水管理问题。典型的重点领域包括：水灾风险评估、溃坝分析、洪水预警防范、洪泛平原管理。

如果某一特定区域面临洪灾即将发生风险，那么美国陆军工兵部队有权即刻采取预先措施来保护生命与财产安全。例如，修筑临时的水流限制建筑物以及移除木材残片堵塞物。管理全国水灾风险的责任并不只由联邦机构（比如美国陆军工兵部队与联邦应急事务处理局）来承担。

相反，该责任是由众多联邦、州以及当地政府机构共同承担的，方法是利用一套复杂的计划与授权，包括普通公民与私营企业（比如，银行业、保险业公司及开发商）。美国陆军工兵部队与联邦应急事务处理局都制订了相关计划，协助州与区减少水灾损害并推动建立良好的水灾风险管理机制。然而，洪泛平原的土地利用方式的决定权以及防洪方面的执行权都完全由州与当地政府掌握。

（4）2007 年 11 月，美国陆军工兵部队制订了一个防洪堤安全计划，这是一个重要的步骤，旨在确保公众知晓与美国陆军工兵部队计划中的防洪堤相关的风险。防洪堤安全计划的任务是评估防洪堤系统的完整性与防洪能力，并提供建议性的措施，以便确保这些系统不会面临不能接受的风险。主要目标包括：将公众安全摆在第一位；减少不利的经济影响；发布可靠且准确的信息。

在防洪堤安全计划中，建立了一个国家防洪堤数据库，作为一个全国性的信息来源，进而为相关活动提供便利与联系，这些活动包括：水灾风险通信、防洪堤认证、防洪堤检查、洪泛区管理以及风险评估。该数据库目前包括美国陆军工兵部队的计划或联邦应急事务处理局的国家洪水保险计划当中的防洪堤。2007 年的《水资源开发法》扩大了美国陆军工兵部队的权限，涵盖所有非联邦防洪堤。另外，现在正在开发一种对现有的防洪堤基础设施进行技术风险评估的方法，作为一个一致的基于风险的框架，来对全国范围内的防洪堤进行评估。防洪堤安全计划中还有一些额外的活动，包括建立一些国家小组，致力于在与防洪堤安全相关的其他领域内制定新的政策。例如，检查现有的防洪堤系统，核实现有的大地测量控制，制定针对新防洪堤系统的最低标准，以及采取临时性风险降低措施。关键的政策问题与防洪堤安全计划直接相关，在这些问题上，美国陆军工兵部队、联邦应急事务处理局以及其他利益相关者有必要进行密切合作。具体来说，这些领域包括：防洪堤清单、水灾风险图的绘制、防洪堤的检查与评估、防洪堤的运营与维护以及应急响应与撤退。

（5）美国陆军工兵部队负责运营75座水力发电站，这些电站几乎占全国水力发电能力的四分之一。美国陆军工兵部队修建的水坝负责进行蓄水，这些水可用于饮用与灌溉，也可以为鱼类与其他野生动物提供栖息地。另外，上文提到的422个项目（主要为湖泊）得到了开发，用于娱乐休闲。这些项目每年接待游客几乎达到3.7亿人次。美国陆军工兵部队估计有十分之一的美国人每年至少参观一次土建工程项目。到这些娱乐区游玩的游客提供了35万个私营与公营部门工作岗位。美国陆军工兵部队是联邦政府的户外娱乐最大供应方，以2%的联邦土地上的联邦娱乐区域接纳了20%的游客。

（6）土建工程计划中开发的运输基础设施在国防方面扮演着一定的角色。当大量的装备与人员必须在全国以及世界各地进行运输时，港口与航道是极其重要的物流节点。美国陆军工兵部队与地面部署与分配司令部以及当地港务局进行合作，以确保完成相关准备，能够在有需要时支持军事装备与补给品的运输活动。在运输执行“持久自由行动”以及“伊拉克自由行动”所需的几乎所有陆军装备与补给时，这种合作关系尤其有效。美国陆军工兵部队开辟、运营并维护的航道同样具有直接的军事用途，可用于战略机动。得克萨斯州、俄克拉何马州与阿肯色州的国民警卫队单位已经实现了通过阿肯色、密西西比与伊利诺伊河成功地转移到自己的夏季训练场，第101空中突击师也实现了通过水路从肯塔基州坎贝尔堡转移到路易斯安那州。另外，美国陆军工兵部队的防洪项目也通过保护重要的公路与铁路节点，为兵力投送作出了贡献。因此，土建工程计划通过各种不同的活动（比如，为装备的运输提供便利以及保护重要的基础设施）为国家安全作出贡献。

2. 环境

（1）项目活动与规范性计划

土建工程计划为达成国家环境目标作出了重要贡献，具体方法是建设相关项目来恢复、保护生态系统以及其他环境功能与价值。上述工作大多是与其他各方合作进行的，这些合作方包括联邦与州的其他机构或认可的美洲印第安部落、阿拉斯加土著以及其他地区。2002 年，美国陆军工兵部队与大自然保护协会（The Nature Conservancy）进行了合作，以改善美国河流的管理情况并维持各个项目的低成本运营。美国陆军工兵部队还和国家鱼类与野生动物联合会以及野鸭基金会签订了协议，以推动重要生态资源的恢复工作。

（2）项目授权

① 1990 通过的法律将环境恢复与保护确定为水资源项目的规划、设计、建设、运营与维护时的主要任务之一，其重要性与航行以及水灾风险管理相当。该项新规定激励了美国陆军工兵部队及其非联邦项目赞助方，使他们在规划与执行新项目时将环境恢复作为项目的主要目的。

②与美国陆军工兵部队的其他大型项目一样，大型恢复项目也必须得到国会批准。在执行有史以来最大的环境恢复与保护项目时，陆军部以及内政部与佛罗里达州开展了合作，一起致力于恢复佛罗里达州南部大沼泽地区的水文情况。在 2000 年的《水资源开发法》第 6 编“公法 106–541”中，美国陆军工兵部队的大沼泽地区全面恢复计划作为规划框架得到了国会的批准。作为该项目的一部分，需要专门授权的首份可行性研究报告于 2002 年完成。

③美国陆军工兵部队与路易斯安那州正在开展合作，一起恢复并保护该州不断缩小的沿岸湿地，同时阻止该湿地目前每年 25 ～ 35 平方英里[①]的消失趋势。该生态系统对美国的环境卫生极其重要，因为其能够对水污染进行自然过滤，并为美国 70% 的水鸟提供重要的冬季栖息地。

该生态系统对美国的经济来说也十分重要，因为它是一个主要海产品工业所在地。这些湿地与堰洲岛承载着美国一种独有的文化，还保护着内陆城市、工业及农业地区免受飓风与海岸风暴的影响，这些地区包括新奥尔良与数十个其他区。卡特里娜飓风让全美国民众注意到了海岸湿地在削弱风暴潮与波浪作用时所扮演的角色，在这之后，路易斯安那州海岸地区的恢复工作变得更为紧迫。

① 1 平方英里 =2.59 千米 ^{2}。

④除了得到明确授权的一些项目（比如，上文讨论过的佛罗里达州南部大沼泽地区与路易斯安那州海岸地区的恢复项目）之外，对于一些小型项目来说，环境恢复工作是通过三种计划授权实现的。依据1986年《水资源开发法》第1135条“公法99–662”，美国陆军工兵部队有权出于环保目的对先前建设的项目进行改造。第1135条还授权美国陆军工兵部队在其原来的项目导致环境损害时执行环境恢复工作。1992年《水资源开发法》第204条授权美国陆军工兵部队可以有益地使用疏浚物。该授权允许美国陆军工兵部队将航道项目中得到的疏浚物用于环境恢复工作。第三项授权是1996年《水资源开发法》的第206条。该条款确定了一个水域生态系统恢复计划，根据该计划，可以建设小型项目，且该项目不必与美国陆军工兵部队现有的项目有关联。为了实现“无湿地净损失”这一全国目标，土建工程计划正在开展新项目，以便恢复现有的湿地并建设新湿地。

（3）规范性计划

①美国陆军工兵部队的规范性计划拥有保护国家水域的悠久历史。1899年河流与港口法授权美国陆军工兵部队以许可证的方式对美国适航水域中的疏浚、建设以及类似活动进行规范。该规范性计划的一个主要目标是确保为商业与娱乐用户改善并维护航道。随着时间的推移，美国陆军工兵部队的“公众利益审查”成为了决策程序的一个重要部分，美国陆军工兵部队地区司令运用该决策程序来批准、修改或拒绝许可证申请。

② 1972年《清洁水法》授权美国陆军工兵部队以许可证的方式管理美国水域（包括湿地）中的疏浚与填充材料的卸放活动。该法案对美国陆军工兵部队的管理职责进行了扩充，使其超出了1899年河流与港口法中规定的职责。另外，大致同一时期颁布的其他环境法律也要求联邦决策制定者考虑自身行为的环境影响并为这些影响负责。1972年海洋保护、研究和禁猎法案第103条授权陆军部长发放相关许可证，允许将疏浚物运输到海洋中进行处理。其中规定，美国陆军工兵部队必须确保倾倒行为不破坏人类的健康、福利或海洋的环境、生态系统或经济开发潜力。

但是，最高法院已经裁定美国陆军工兵部队的管理权限不得延伸至所有的湿地。

③现在，规范性计划将公众利益与环境影响审查纳入用于决策制定的综合评估程序之中。该评估程序有助于在环境保护与经济增长之间达成平衡。2010 财年，美国陆军工兵部队为国家航道与湿地中的将近 68 800 次活动提供了许可。这上述活动中，有 48 500 项许可是以针对特定种类工作的全国性或地区性总体许可的方式授予的，剩下的则需要单项许可。美国陆军工兵部队要求上述 68 800 个项目中的 3 100 个进行修改，另外还拒绝了 275 份许可申请，同时申请方还撤回了将近 10 200 项许可申请。美国陆军工兵部队的规范性计划为公众提供了一种有价值的服务——保护国家水域与湿地。

（4）管理

美国陆军工兵部队负责管理 42 个州中的 1 200 万英亩土地与水域。保护森林、野生动物栖息地、渔场与土壤需要利用各种资源以及良好的生态系统管理原则。美国陆军工兵部队在完成上述工作时，既依靠自身的管理能力，也依靠与州以及当地政府的合作、志愿者以及与各种利益团体的业务协议。

（5）合规

美国陆军工兵部队以 5 年为一个周期，通过环境合规评估计划对自己所有的项目进行合规评估。环境审查作业指导是进行评估的一种工具，是一份一览表，包括联邦与州的环境法令以及美国陆军工兵部队的要求。项目与设施负责人以及外部机构负责利用环境审查作业指导来对环境缺陷进行系统地查找与纠正。

（6）土建环保活动与陆军任务的关系

土建工程计划中的环保活动是陆军 21 世纪环境战略的重要组成部分。学习土建任务专业（涉及自然与文化资源、用水质量、洪泛平原管理或危险废弃物管理）的人员有助于陆军“超越合规”，进而在自然资源管理方面担任领导角色。土建工程专门技术协助陆军开发出了一些管理规范，具体包括环境达标评估系统以及训练区综合管理。土建工程计划负责大约一半的陆军持有土地，且善于在自然环境保护与人类利用之间达成平衡。土建工程计划也是陆军文化资源专门技术的储存库，陆军在数项重点任务中都利用了该储存库。

（7）非结构性水灾风险管理

近年来，美国陆军工兵部队越来越重视针对水灾管理的非结构性方法。非结构性备选方案聚焦于相关的努力与措施，这些努力与措施主要通过处理洪泛平原的事态发展来降低某一区域的水灾损失。这些备选方案包括：对洪泛平原进行分区；参考国家洪水保险计划；制订并执行水灾预警系统（与国家海洋与大气管理局的水灾预警计划进行协调）与应急撤运计划；建设单个的防洪结构；从具有极端水灾危险的地区移除结构。

（8）环保工作通用原则

2002 年，工兵主任宣布了一套环保工作通用原则，以便指导美国陆军工兵部队的所有活动。这些原则的实质是：环保意识是美国陆军工兵部队所有的任务、决策制定、计划与项目不可分割的一部分。

①努力实现环境的可持续性。环境只有达到健康、多样化与可持续的状态，才可以支持生命。

②意识到生命与自然环境的相互依存性。预先考虑美国陆军工兵部队的计划对环境的影响，并在所有适当的情况下采取相应措施。

③通过设计经济且环保的解决方案，寻求在人类开发活动与自然系统之间达成平衡与协同。

④继续依法为对人类健康与福利以及自然系统的持续生存能力产生影响的活动与决策承担法人职责。

⑤寻找相关方式与手段，以评估并减少对环境的累积影响，并采取系统方案来应对我们的程序与工作的全生命周期。

⑥建设并共享一体化的科学、经济与社会知识库，该知识库能够协助我们更好地理解环境以及我们的工作对环境的影响。

⑦关注美国陆军工兵部队活动的个人与团体的观点，积极听取他们

的意见，并学习他们的视角，以便寻找新型的双赢解决方案，这些方案能够解决国家面临的问题，同时能够保护并改善环境。

这些原则将环境法律、价值观以及好的环保做法融合进来提供了一些方法，同时也充当一种路线图，所有的美国陆军工兵部队都遵循该路线图，以确保自身活动给环境带来的影响能够在尽可能早的时间段内纳入决策程序之中。

3. 应急准备与灾害响应

（1）美国陆军工兵部队负责在出现自然或人为灾害与紧急事件时响应国家需求。美国陆军工兵部队的各种计划负责提供各种类型的援助，以保护人民的生命与财产安全，减少人民痛苦，帮助人民从灾害的影响中恢复过来。响应与恢复活动是对州与当地工作的一种补充。

（2）根据公法 84−99 中的规定，美国陆军工兵部队负责针对所有类型的自然灾害开展规划与准备工作，并针对洪水与海岸风暴开展响应与恢复工作。防洪和沿海紧急情况拨款负责为所有的公法 84−99 活动提供资金。这些准备与响应工作包括：灾害准备措施、减轻可能性很高的水灾威胁的预先措施、抗洪活动、联邦政府建设的受威胁的海岸的保护工作、救生行动。

（3）恢复与缓解措施包括受损的防洪工程、海岸保护项目、替代结构性复原工程的非结构性项目的修理与复原。公法 84−99 还授权美国陆军工兵部队为水源受污染的地方以及受干旱影响的地区提供应急洁净水。另外，依据《斯塔福德法案》，如果任何遭受自然灾害地区的州长向联邦政府请求援助，那么美国陆军工兵部队有权向该地区提供服务并协助恢复重要的公共基础设施，时间最长可达 10 天。

（4）依据《塔福德法案》，美国陆军工兵部队必须运用自身的工程技术专长以及响应与恢复能力，根据国家响应计划履行国防部的职责，担负公共工程与工程应急支援职能的牵头机构，响应所有种类的灾害与紧急事件。依据《斯塔福德法案》的授权，联邦应急事务处理局（现为国土安全部的一部分）制订了国家响应计划，该计划负责协调 28 个联邦签约部门与机构的响应与恢复行动的执行情况。根据国家响应计划，国防部已经将自己的第三项应急响应职能（公共工程与建设）方面的职责委托给了美国陆军工兵部队。

（5）作为负责紧急支援职能的牵头机构，美国陆军工兵部队担负着许多经常性任务，包括供水、供冰、应急供电、清除残损物、提供临时住房以及搭盖临时屋顶。公共工程与建设领域内的其他任务将根据需要由联邦应急事务处理局指派给美国陆军工兵部队，这些任务由受影响的州提出，联邦应急事务处理局负责为这些任务提供资金。每项指定的任务都是以美国陆军工兵部队的能力为基础的，这些能力包括其重要且迅速的合同签订能力。联合参谋部之作战部下属的联合军事支援处负责协调不在紧急支援职能任务范围内的国防部需求。

（6）2001 年 9 月 11 日，在世贸中心与五角大楼恐怖袭击的响应过程中，美国陆军工兵部队的应急管理人员在数小时内便抵达现场。提供结构工程师，以监视不稳定的建筑物；支援城市搜救工作；提供机动指挥中心与小组，以支持纽约消防署；并制订残骸管理计划。

美国陆军工兵部队的专门技术在下列活动中起着重要作用：开展城市搜救；提供结构评估，以确定何时建筑物对救援人员来说足够安全；确定何时建筑物已经安全、可以使用。第 249 工兵营（主要力量）提供了电力，使得纽约的金融区恢复运营，而美国陆军工兵部队的承包商则从世贸中心所在地移除了 170 万吨残骸，并通过驳船将这些残骸运送到了斯塔腾岛（Staten Island）的垃圾场。上述工作类似于每年发生自然灾害时美国陆军工兵部队为联邦应急事务处理局、州与地方当局提供支持时所做的工作。

（7）2005 年 8 月 29 日卡特里娜飓风发生，美国陆军工兵部队因开展恢复活动而从联邦应急事务处理局接收了超过 40 亿美元。一项重大的成功就是在 60 天之内为新奥尔良与邻近地区排出了几乎所有的洪水，许多专家认为这项任务在 2006 年时需要好几个月才能完成。另一项重大的任务是移除了 5 600 万立方码的的残骸，大大超过了 1992 年安德鲁飓风过后所移除的4200万立方码残骸这一纪录。

国土安全。美国陆军工兵部队已经掌握了较高水平的反恐/防护作战职能技术专长，拥有许多在霍巴塔（Khobar Towers）、俄克拉何马市、世贸中心、五角大楼以及其他事发现场中历练的成熟工兵。美国陆军工兵部队利用这些技术专长来保护重要的水资源基础设施免受恐怖袭击。在过去的几年中，美国陆军工兵部队与其他机构（包括垦务局、能源部、田纳西流域局、环境保护局与联邦调查局）进行合作，一起开发综合的安全评估程序，以确定重要设施（比如水闸、水坝与水力发电设施）所面临的风险。“9·11”恐怖袭击之后，美国陆军工兵部队对自身的项目加强了保护措施。限制了公众的进入，增加了重要结构的相隔距离，加大了巡逻活动以及合约式警戒支持，加强了与当地执法部门的协调。

二、研究与发展

美国陆军工兵部队土建工程计划将努力进行研究与发展，以便利用迅速发展的技术。在开展土建工程活动时，这些技术将协助美国陆军工兵部队大大节约开支，增加可靠性与安全性，提高效率，改善环境可持续性。制订研究与发展计划的目的是支持各项指派的土建工程任务及其配套的核心技术能力、环境恢复与和管理、经济与决策支持、寒冷地区工程建设以及疏浚物管理。技术融入工作是美国陆军工兵部队总体工作的一部分，该部分工作是与地区业务中心以及专业技术中心协同执行的，旨在维持一支训练良好、准备就绪且能够对各种紧急态势作出响应的工程兵队伍。

美国陆军工兵部队通过自己的美国陆军工程研发中心与水资源研究所开展土建工程相关研究与发展。陆军工程研发中心的总部位于密西西比州维克斯堡的水道实验站之中。该中心包括7个单独的研究实验室：密西西比州维克斯堡海岸与水力实验室、新罕布什尔州汉诺威市寒冷地区研究与工程实验室、伊利诺伊州香槟市建造工程研究实验室、密西西比州维克斯堡环境实验室、密西西比州维克斯堡岩土工程与结构实验室、密西西比州维克斯堡信息技术实验室、弗吉尼亚州贝尔沃堡地形工程中心。

水资源研究所的总部位于弗吉尼亚州贝尔沃堡，负责提供经济及决策方面的研究与发展支持。水资源研究所的水文工程中心位于加州戴维斯市。

第三节 | 针对其他政府机构的支持

一、针对其他政府机构的支持概览

根据跨机构与国际服务计划，美国陆军工兵部队负责向大约70家非国防部联邦机构以及许多州、部族及外国政府提供工程与施工支持。这些计划的资金由接受支持的机构负责提供。美国陆军工兵部队还为其他机构的基础设施计划提供支持，具体包括：为海关和边境保护署管理边境控制和拘留设施进行设计与建造，为联邦应急管理援助机构提供应急管理援助，从而为国土安全部提供支持；为国务院在伊拉克建造设施；为退伍军人事务部翻新医疗保健设施。

美国陆军工兵部队还负责支持其他联邦机构的旨在达成国家重要环境目标的计划与项目。这些计划与项目包括美国环境保护局的超级基金计划。自从2001年9月11日以来，美国陆军工兵部队向其他机构提供的基础设施安全支持呈增长趋势。

二、支持活动的价值

2010财年，由美国陆军工兵部队管理的工程与施工工作的价值大约为20亿美元。

图3-1　承担土建工程任务的美国陆军工兵部队的区与分区

第四节 | 工程兵海外活动

一、工程兵海外活动概览

美国陆军工兵部队负责执行各种海外活动。其中许多是专门支持美国海外部队的。所有其他活动被视为陆军民事职能的一部分。负责土建工程的陆军助理部长与战略、计划与政策处（陆军参谋部之作战、民事与训练部）处长进行协调后，负责为美国陆军工兵部队的海外活动提供计划指导。2010财年，美国陆军工兵部队为大约90个国家中的美国对外政策提供了支持。美国陆军工兵部队最大的海外计划位于阿富汗与伊拉克，在这两个国家中，美国陆军工兵部队除了向美国与联军部队提供支持之外，还参与了以下工作：恢复油气、电气与其他基础设施；开展环保工作，为美国国务院与美国国际开发署提供施工管理服务；为东道国政府各部门提供顾问人员。在阿富汗，美国陆军工兵部队参与道路、其他民用基础设施以及新阿富汗军队军事设施的建设工作。美国陆军工兵部队的海外支持活动包括：为各作战司令部提供人道主义援助项目（学校、诊所、水井等）；利用大型基础设施项目协助美国千年挑战集团；为美国国际开发署提供支持。另外，美国陆军工兵部队还通过以下活动来支持美国的目标：利用自己的水资源技术专长为发展中国家进行能力发展，比如，为湄公河委员会提供技术建议并建立共识。

二、对外军售

作为国防部在世界许多地方的代建单位，美国陆军工兵部队为符合资格的外国政府提供国际安全援助，这是实现国家安全战略与国防部政策的一种手段。根据对外军售计划的授权，美国陆军工兵部队按照负责国防出口与合作的陆军助理部长帮办的批准，并在国防安全合作局授权下，为符合资格的外国政府的国防基础设施提供有偿设计与建设服务。2010财年，向中东、中亚、非洲等地区的各个国家提供的对外军售援助总值大约为10亿美元。

三、和平伙伴关系

和平伙伴关系计划是与和平伙伴关系国家一起制订的年度性系列方案，聚焦于美国应急管理信息诀窍与和平伙伴关系信息管理系统。选定的国家及其邻国的不断演变的民事保护与民事防护结构将运用这些诀窍与系统。同时，民事—军事紧急事件规划有利于在跨部门与跨境信息共享环境中理解美国面向民政当局军事支持的概念与原则。通过实时与桌面演练，民事—军事紧急事件规划将制订出地方层级的合作计划，以便在技术与自然灾害中提供援助。民事—军事紧急事件规划负责以下事项：在应急规划人员之间建立地区合作关系；建设通用数据库，以便在发生灾害时进行运用；使高层决策制定者熟悉决策支持工具；为国家反应中心建设联合运行系统；为具有国际影响的大规模灾害提供法律与响应程序方面的信息交换。

四、面向美国机构的支持

美国陆军工兵部队也为海外的美国机构提供支持。例如，在发生自然与人为灾难后支持美国国际开发署；为格鲁吉亚共和国边防部队以及美国海关与边境保护部队修建边境设施；为特遣部队－非洲之角提供埃塞俄比亚与肯尼亚的水文模拟训练；为千年挑战集团的主要基础设施项目开展政府尽职调查。

第五节 | 面向联合作战司令部指挥官的支持

一、对作战能力的益处

土建工程计划为美国陆军工兵部队提供了一种能力，该能力在国防部所辖部队中是一种独一无二的能力。美国陆军工兵部队拥有各种专业人员，包括工程师、科学家与经济学家，能够开展团队合作，以便在国家层面上为工程兵基础架构改善工作以及机制建设进行规划。从土建工程计划中获得的训练与经验被美国陆军工兵部队的野战工程部队加以利用，以便为联合作战司令部指挥官及其陆军组成部队司令部提供支持。工程兵建设的基础设施能够为未来的军事行动提供设施与基础。一个很好的实例便是 1970 ～ 1980 年代美国陆军工兵部队为沙特阿拉伯政府建造的基础设施。

二、面向联合作战司令部指挥官的支持的概览

水资源开发、水灾风险管理、航路运作、疏浚、海岸工程、环境管理以及灾害响应方面的技术专长是陆军军事施工计划与军事设施支持计划相关技能的一种补充。负责作战的作战司令部指挥官以及国防部其他机构经常请求这些技术专长，美国陆军工兵部队则有偿提供这些技术专长。当陆军参加战斗时，美国陆军工兵部队的人员利用在土建工程与军事计划当中获得的经验，为作战人员提供及时的分析与解决方案。美国陆军工兵部队的海滩动力学方面的知识（包括在密西西比州维克斯堡工程研究与发展中心的海岸与水力学实验室开发的各种海况预测模型）将协助确定登陆地点。将上述知识与地形机动模型相结合，美国陆军工兵部队能够为指挥官提供最为有效的登陆地点计划，以便在作战地区优化

接收、集结等活动。美国陆军工兵部队在土壤力学方面的技术专长负责为装甲车确定最佳路径。通常情况下，在建设道路时将用到土建工程计划中形成的技术。美国陆军工兵部队在冬季航行工作中获得的经验将协助陆军越过结冰的河流。所有层级的指挥官都利用弗吉尼亚州贝尔沃堡的地形工程中心开发的地理空间产品与卫星导航系统。

三、面向联合作战司令部指挥官的支持实例

美国陆军工兵部队从几个方面为“伊拉克自由行动”与“持久自由行动”提供支持。第 249 工兵营（基本电力）是一项独一无二的战略资产，在作战地区的数个艰苦地点每天为美国与联军部队提供了稳定的电力。美国陆军工兵部队军事与文职人员为军人提供了技术援助以及设施与露营设计。美国陆军工兵部队位于美国中央司令部作战地区的各个小组为第 101 空降师、第 10 山地师以及非作战单位（比如，诸军种联合民事军事行动特遣部队）提供了支持。由于配备了“远程工程”工具箱，位于战场任何地方的工程兵都能够通过加密的卫星连接系统与美国陆军工兵部队专家实现实时通信。他们的任务包括跑道修复分析、结构评估、机场照明以及基地露营设计。值得注意的还有应急不动产支援小组，该小组能够在 24 小时之内实现部署，以便获取入驻部队所需的部队住房、工作间以及有顶盖的储藏区。美国陆军工兵部队不动产小组在伊拉克、科威特、阿富汗、乌兹别克斯坦以及吉尔吉斯斯坦的各个地点都签有租约。美国陆军工兵部队还通过开展与演习相关的施工以及人道主义援助施工为各作战司令部提供支持。例如，太平洋分区正在孟加拉国、柬埔寨、越南、印度尼西亚以及老挝这些国家执行 60 个人道主义援助项目。

第六节 | 小结

在维持并强化国家经济与环境健康的过程中，陆军通过自身的民事职能提供了宝贵的服务。在直接与间接推进国家安全目标的过程中，其民事职能也将继续扮演极其重要的角色。与上述职能相关的财政以及人力资源主要依据两年度《水资源开发法》进行授权，并由年度《能源和水资源发展拨款法案》提供资金。因此，民事职能机构及其提供的美国陆军工兵部队人员的训练活动基本上不用耗费国防部的军事预算。

第四章
公共事务

公共事务使命——公共事务使陆军得以履行让美国人民与陆军享有知情权这一义务，同时协助确立了一些条件，使得人们对美国陆军及其在平时、冲突与战争时期执行行动的能力抱有信心。参看野战手册 46-1“公共事务行动”。

★ 第一节 | 引言

一、简介

陆军指挥官与高级官员对民选领导层、美国公众担负着相关的法律与道德责任,应该对委托给自己的资源负责。这些资源包括财政收支账目、装备、不动产以及最为重要的陆军军人（美国人民的子女)。陆军公共事务是领导层的一项基本工具，是实现任务指挥的关键要素，也是成功完成任务的重要部分。对于美国陆军的成功来说，陆军的认知及其执行行动的方式与实际作战一样重要。

本章旨在使高级指挥官与文职官员深入了解相关的职能与系统，这些职能与系统涉及指挥官如何履行向外界宣传陆军的详情这一职责。这就需要通过大众媒体与美国公众实现直接与间接的交流。指挥官也必须使陆军内部的军人通过可以利用的信息工具了解相关情况。

公共事务是一项司令部职能与职责。指挥官可以通过一位司令部发言人传达消息，但是公共事务计划的成功或失败取决于指挥官本人的支持与直接参与。不管公共事务军官或军士如何优秀，在公众或军人的眼中都无法完全替代指挥官。

指挥官的参谋人员无法替代指挥官本人，然而，他们可以提供专门的建议与意见，并协助执行指派的任务。公共事务专员也不例外，在将司令部的信息传达给内部及外部的公众方面充当着指挥官的主要顾问。通过将公共事务整合进决策制定程序，并在形势的评估以及行动方案的制定过程中将公共事务纳入考虑范围，公共事务参谋人员可以协助指挥官制定最佳决策，并将这些决策转变成有效的公共事务策略与行动。

二、公共事务中使用的专业及特定术语

公共事务。公共事务是指公共信息、司令部信息以及社区关系等活动，这些活动的对象是对国防部感兴趣的外部及内部的公众（联合出版物 3–61）。

公共信息。公共信息是一个一般术语，描述的是一个程序，该程序被用来通过公共媒体向外部公众提供信息（野战手册 46–1）。

司令部信息。司令部信息是指军事组织与该组织中的军人、文职雇员、退役人员及其家庭成员之间的沟通交流，这种交流能够使上述人员知晓组织的目标，了解影响他们自身与组织的重要事态，提高他们作为组织“代言人”的效率，并了解组织中发生的事情。司令部信息也称为内部信息（联合出版物 3–61）。

社区关系。社区关系是指负责处理公众、业界、学术界、老兵、军种机构、军事相关团体以及其他非新闻媒体单位关心的一些问题的公共事务计划。这些计划通常涉及美国军事设施与其附近的平民社区的互动。在作战区域与海外非新闻媒体平民的互动由民事—军事行动负责处理（根据需要提供公共事务支持）。

全球信息环境。全球信息环境是指收集、处理信息并将这些信息传播给国内或国际公众的所有个人、机构或系统，而这些个人、机构或系统中的大多数都不受军方或国家指挥当局的控制。

公共事务指导。公共事务指导是指为防务问题与行动的公开讨论提供支持的信息包。这些指导可以是针对某一特定问题的电话回应，也可以是一组更为复杂的信息包。具体包括：经批准的公共事务政策、新闻声明、针对预期的媒体提问的回答以及社区关系指导。公共事务指导的内容还包括向公众发布信息的方法、时机、地点与其他细节（野战手册 46–1）。

★ 第二节 | 公共事务原则

一、公共事务战略目标

野战手册 46–1 是美国陆军公共事务行动的拱顶石，该手册是公共事务部队设计以及装备采办的基础。野战手册 46–1 也是将公共事务整合进陆军条令、个人与单位训练、领导发展、部队设计与装备采办方案之中的权限基础。在全球信息环境中执行行动必须了解基本的公共事务原则。所有层级的陆军领导都需要了解一些基本概念，这些概念是制定公共事务战略的基础，且为公共事务行动的规划与执行提供指导。

首先考虑军人与家属。内部受众包括全陆军范围内的现役与后备役组成部队中的军人、文职雇员、退役人员以及所有家属。必须给这些受众提供充分且适当的信息，以确保实现最高的效率与最高的可持续士气。必须首先考虑军人、家属、文职雇员、退役人员与后备役军人的信息需求。

事实至关重要。当外部与内部受众了解陆军以及陆军的措施、决策与政策的原因时，那么就会对美国陆军及其行动的执行产生信任与信心。这一过程涉及告知他们陆军的文化。破坏信誉最快的方法就是歪曲事实。

如果消息已经发布就无法收回。全球信息环境使得众多信息更易传播且更易被广大受众接触到。信息的价值越高，限制或约束信息的流动能力就越弱。

并不是所有消息都是好消息。在全球信息环境中，关于陆军及其行动的信息报道有正面的，也有负面的。公共事务办公室无法控制媒体的报道，也无法保证媒体报道的正面性。国防部的政策是：不得为了保护政府免受批评或扰乱而将相关信息列为机密或通过其他方法进行截留。只有当信息的披露会对国家与行动安全产生不利影响或威胁到军事系统成员的安全或隐私时，才可以截留这些信息。

讲述我们的故事有利于陆军。特别是在维稳行动或支援行动中（在战争中也一样），提供关于部队及其行动的准确而及时的信息将有助于任务的完成。

必须尽早展开公共事务工作。在部署期间，陆军指挥官首先接触的人物通常会是新闻记者。在陆军部队到达军事行动区之前，记者就会抵达现场，且通常已经做好了充分准备，拥有功能完善的后勤框架以及长期的协调与联络安排。在军事行动开始时，媒体的兴趣特别强烈，而尽早部署公共事务办公室发表相关信息可以较大地减少媒体对任务的干扰。

媒体并非敌人。虽然职业军人与记者都是为美国人民服务的，但是他们的理念、价值观与基本的世界观并不总是一致的。优秀的记者会彻底调查问题，并提出强硬且富有挑战性的问题。军人可能需要告诉他们军事行动方面的知识，并帮助他们了解自己报道的事件重要性。

在源头落实保密制度。军事与全球信息环境的特性使得传统意义上的现场审查基本上不切实际，也不可能实现。所有的个人必须为敏感信息负责。标准必须是在源头落实保密制度，不许分享政策认为不适合发布的信息。

二、公共事务设想

野战手册 46–1 中的“公共事务设想”定义了公共事务职能领域要想在不断演变的沟通环境下实现战略目标并完成任务所必须满足的一些重要参数。“我们的设想是组建一支训练有素且能够进行迅速部署的公共事务专业人员队伍，这支队伍资源配备齐全、组织有序且有能力在和平、冲突与战争环境下执行行动。设想还包括向美国人民持续提供及时、准确且平衡的信息”。

第三节 | 公共事务条令与程序

一、宪法与第一修正案

宪法的最初版本中并未提及新闻界。第一修正案中仅规定了"国会不得制定任何法律……来剥夺言论或新闻自由"。由于第一修正案在法院中有各种解释，所有当今的媒体享有很大的自由，可以完成让美国公众知晓实情的使命。

陆军必须执行公共事务，这一要求来自于《美国法典》第10卷，其中规定了陆军部长必须负责公共事务。人民有权知晓政府的各项活动，而政府则有义务将自己的活动告知于人民。将信息传递给人民的渠道有多种，其中一种便是受宪法保护的新闻自由。自建国以来，陆军一直通过媒体将信息传递给美国人民。

二、《信息自由法》

《信息自由法》允许任何人（包括外国公民）向美国政府书面询问政府拥有的明文记录档案。对于媒体请求获取依据《信息自由法》可以发布的信息，国防部的政策是：通过公共事务渠道向媒体代表提供所请求的信息，且不必要求这些媒体递交《信息自由法》申请。

三、《隐私法》

《隐私法》旨在平衡个人的隐私权与公众的知情权。根据《隐私法》，涉及军人或任何人的陆军档案中，通常可以发布的项目包括：姓名、年龄、军衔以及服役地点。如果某个单位比较敏感，通常可部署至或驻扎于外国领土上，那么该单位的军人姓名与服役地点通常不可以公布。可以公布的信息还包括军人的祖籍（州与城市，而非街道地址）、教育背景、婚姻状况与家属、获奖情况、服役状态、司法诉讼结果、委员会（如晋升选拔委员会）结果以及他们的官方照片。依据《隐私法》，通常不可以公布的项目包括军人的社会保险号码、种族、宗教、不经军事审判的／行政委员会的调查结果或相关措施。

四、国防部的信息原则

在为媒体提供信息方面，国防部指令 5122.05 号是国防部政策的基础。该政策要求陆军公共事务部门提供支持。

国防部的政策是：提供及时而准确的信息，以便让公众、国会与新闻媒体可以评估并了解国家安全方面的情况以及国防战略。必须及时回复来自组织与普通公民的信息请求。在执行国防部上述政策时，适用的信息原则如下。

（1）根据法定要求，信息必须全面、迅速地公布，除非当前的保密等级规定这些信息不能公布。无论在字面上还是精神实质上，《信息自由法》中的条款必须得到支持。

（2）必须使武装部队中的人员及其家属能够在没有审查制度或宣传的情况下可以自由获取一般或军事信息。

（3）不得为了保护政府免受批评或困窘而将相关信息列为机密或通过其他方法进行截留。

（4）只有当信息的披露会对国家安全产生不利影响，威胁到武装部队成员的安全或隐私，或法律法规另有授权时，在才可以截留这些信息。

（5）国防部有义务向公众提供国防部主要计划方面的信息，这可能需要在国防部内部以及与其他政府机构进行详细的公共事务规划与协调。这些活动的目的是加快信息向公众的传播速度，在国防部公共事务计划中并没有宣传运动。

五、国防部作战行动的报道指南

“沙漠风暴行动”之后，来自军方与媒体的代表制定了几条原则，此后这些原则负责定义媒体在报道国防部行动时的角色。上述原则发布于国防部指令 5122.05 号之中，具体如下所示。

公开且独立的报告应该成为报道美国军事行动的主要方式。

媒体池（由少数新闻媒体代表较多的新闻媒体机构，负责在特定的活动期间收集新闻并共享材料）不得充当报道美国军事行动的标准方式。但是，媒体池有时可能是早期报道军事行动的唯一方式。在这样的情况下，媒体池应尽可能由更多的媒体参与，且应该尽快解散（如有可能，应在 24 ～ 36 小时之内解散）。进行早期报道的媒体池抵达之后，不得让已在军事行动区域内的记者放弃独立报道的原则。

即使是在公开报道的条件下，媒体池也可以适用于特定的活动，比如在那些位置十分偏远或空间有限的地方的活动。

位于作战区的记者将由美国军方出具证明，且必须遵守军事保密基本准则，这些准则负责保护美国武装部队及其军事行动。如果违反了上述基本准则，相关的记者将被吊销证明并驱逐出作战区。新闻机构必须尽最大努力指派经验丰富的记者报道作战行动并使他们熟悉美国的军事行动。

记者有权访问所有主要的军事单位。特种作战方面的限制可能会在一些情况下限制访问。

军事公共事务官应该充当联络人，但是不得干涉报道过程。

在公开报道的情况下，应该告知野战指挥官允许记者在可能的情况下搭乘军用车辆与飞机。军方必须负责运输媒体池人员。

在能力允许的范围内，军方必须为公共事务官提供相关设施，以便能够及时、安全地传输媒体池的材料，在可能的情况下必须为发送独立报道提供相关设施。如果无法使用政府设施，那么记者通常会通过任何其他可用的方式发送报道材料。军方不得禁止新闻机构架设的通信系统，但是在战场环境下，电磁作战保密可能会要求对上述通信系统的使用情况实施限制。

上文中列出的原则同样适用于国防部常设国家媒体池系统的运作。

六、作战保密

媒体希望及时发布信息，而军方希望保护可能破坏行动的信息，两者可能会产生争执。因此，军方有责任在与媒体打交道时实行“源头保密”原则，并制定媒体可以轻易遵守的明确、简要且直观的基本准则，以便保护那些可能涉及作战保密问题的信息。在发布信息之前，公共事务军官将与作战参谋一起清除所有可能涉及作战保密问题的信息。如果记者无意中获知了被视为具有作战敏感性的信息，那么军方应该告知该记者这些信息被视为敏感信息的原因，并要求他在该信息被视为非敏感信息之前不得公布该信息。

七、核心程序

在公共信息、内部信息与社区关系这三个公共事务职能领域之内，核心程序允许陆军公共事务部门在信息时代中应对支持21世纪陆军时面临的挑战。公共事务核心程序包括：

1. 公共事务规划。公共事务规划是整个军事行动中各个层级的决策制定程序不可分割的一部分。公共事务规划与作战规划同时完成，能够扩大指挥官的选择范围。公共事务规划始于接受任务。公共事务官负责制定公共事务预估报告，在可能影响任务的全球信息环境问题（如预期的媒体关切）方面为指挥官与其他参谋人员提供咨询。他们还负责以下事项：确定重要的公共事务风险因素；考虑各种支节与后续事项；判断内部受众以及外部社区关系受到的影响；制定公共事务战略；编制作战计划／作战命令的公共事务附件；并发布公共事务指导。

2. 实施信息战略

（1）个人电脑、万维网、因特网、社交媒体软件、在线服务、传真机、电子邮件、有线电视、直播卫星、复印机、蜂窝通信、无线通信以及许多其他信息技术的广泛使用已经产生了大量的数据与信息流，这些数据与信息流不断注入到充满图片、符号、文字与声音的世界之中。这些信息中有许多属于战略资产，能够改变国家指挥当局以及高级文职人员与军队领导的高层决策。

（2）为了有效处理海量信息，公共事务专业人员必须善于为内部与外部的受众提供信息。信息战略是一些协调好的计划，内容是运用所有可用与适当的沟通方式来达到具体目标（为目标受众提供信息）。该程序包括获取信息、产出信息、分发信息以及保护信息。

3．为媒体提供便利

商业新闻媒体是全球信息环境中的主要参与者。不到 150 名记者报道了 1944 年的进攻发起日（登陆欧洲）。1990 年，报道“正义事业行动”的记者超过了 800 名，而 1991 年报道海湾战争的来自世界各地的记者超过了 1 500 名。毫无疑问，新闻媒体将继续报道当前与未来的军事行动，并在大多数情况下先于美国部队到达现场。事件发生时，来自冲突双方的图片将被实时发送给全世界。指挥官负责通过公共事务军官与参谋人员设立资源配备齐全且响应性优良的基础设施，为媒体的运作提供便利。为媒体提供的便利措施包括：

（1）协助媒体进入作战区域。

（2）登记媒体代表。

（3）引导他们遵守报道的基本准则。

（4）确保他们了解保密政策。

（5）安排采访与简报。

（6）协调单位访问与陪同。

（7）为媒体的问询提供充分、及时的回复。

（8）将新闻媒体嵌入作战单位之中。

4．公共事务训练

（1）公共事务训练包括：

①针对公共事务军人的训练。

②针对非公共事务军人、文职雇员及其家庭成员的媒体互动训练。

（2）公共事务训练的目标是：使军人做好相关准备，以便与新闻媒体进行互动，并在媒体的审视下开展作战。公共事务训练负责告知军人记者并非敌人，并聚焦于提供准确且合适的报道。该训练协助军人明白一个事实，即媒体是军方与美国公众以及全世界的受众进行沟通的一个渠道。

（3）针对公共事务人员的训练是军人与领导训练的一种拓展。它重视个人与集体任务，目标是培养能够做好完成各种公共事务任务的单位。它能够使战斗参谋了解公共事务。该项训练还能够确保在任务的评估、规划与执行过程中能够考虑公共事务。

（4）公共事务训练的对象也可以是记者。应该使记者了解军事系统成员的权利与职责以及特定单位与陆军的角色与任务。

5. 社区关系

（1）现役陆军依赖军事设施周围的社区来直接或间接地支持陆军及其人员。美国陆军后备队与陆军国民警卫队同样也是当地社区不可分割的一部分。维持良好的社区关系不仅有利于军人及其家属的士气，也有利于提高陆军兵营的投送与维持能力以及当地的支持能力，因此能够直接影响到完成动员或部署的陆军部队的作战潜力。社区可以使陆军获取开展训练并维持战备水平所需的资源，也可以进一步为部署军人的家属提供支持。公共事务能够协助指挥官建立并维持社区关系，这种关系又反过来为美国陆军提供支持。

（2）通常会雇用外国、东道国文职人员来担任媒体与社区关系方面的专家。他们负责为公共事务军官与指挥官提供东道国敏感话题、当地政治议题以及媒体对美国活动反映方面的咨询。

（3）陆军社区关系计划的目标是：

①增加公众对陆军的任务、政策与计划的认识。

②激发爱国主义。

③培养与各个公众群体的良好关系。

④保持陆军作为负责国家安全的受尊敬的声誉。

⑤支持陆军的征募与人员获取任务。

第四节 | 陆军公共事务机构

一、陆军部公共事务处处长办公室

公共事务处处长办公室依据《美国法典》第 10 卷第 3014 条成立，由陆军部长指定，负责执行美国陆军范围内的公共事务行动。公共事务处处长负责为美国陆军现役与后备役组成部队制定、管理、执行并评估公共事务政策、规划与计划。公共事务处处长向陆军部长负责，且须回应陆军参谋长的询问。

公共事务处处长的职责包括：

（1）准备、协调并监视陆军公共事务规划、战略、政策与计划在全世界范围内的执行情况。

（2）制定公共事务规划与计划，以便支持陆军其他的规划与计划。

（3）管理信息的审查与许可工作，以便由陆军秘书处（陆军部长办公室）与陆军参谋部将信息发布到国防部外部。

（4）管理陆军的公共信息安全审查计划。

（5）对美国陆军战地军乐团进行控制。

（6）充当条令、训练、领导发展、组织、装备以及军人与文职人员方面的所有公共事务问题的倡议者。

二、陆军司令部、陆军军种组成部队司令部、直接报告单位与军事设施公共事务

陆军司令部、陆军军种组成部队司令部、直接报告单位与军事设施的公共事务军官负责以下事项。

（1）在司令部的公共事务需求方面为指挥官提供咨询。

（2）协助制定并发布司令部消息。

（3）制订公共事务计划。

（4）充当司令部与更高级别总部之间公共事务军官的联络人。

（5）监督纸质与电子公共事务信息的准备、生成与分发。

（6）协助开发并采办公共事务节目的纸质与视觉信息产品，这些节目将根据经授权的有线电视特许权被用于军事设施的部队频道之中。

（7）在受众对政策、计划与信息需求的态度与认知方面为指挥官提供咨询。

（8）定期访问司令部所属单位并提供帮助，以便评估它们的公共事务计划，并确定单位指挥官对支援的需求。

（9）协助、协调非国防部商业出版物的分发。

（10）开发材料与产品，以便满足司令部的特别公共事务需求。

三、公共事务各个组成小组

公共事务小组嵌入各个陆军旅、师与师以上部队的指挥部之中。这些小组负责为司令部提供公共事务支持，并在公共事务问题方面充当指挥官的首席顾问。这些小组的成员少则只有一名高级军士，多则包括一名上校与少数参谋人员，任务是进行公共事务规划并开展有限的行动。

四、战区集团军公共事务小组

战区集团军公共事务军官是一位上校，任职于司令的侍从／特业参谋机构之中。公共事务军官向战区集团军司令及其下属单位负责。战区集团军公共事务小组拥有相关人员与装备，负责以下事项：制定信息战略；开展公共事务规划与分析；在得到公共事务机动分遣队支援后为媒体代表提供服务与设施；支持更高级别部队的公共事务需求；与其他公共事务单位以及所有受支援单位进行沟通；为作战地区之内与周围的人员、装备与媒体提供地面运输服务。在完成部署之后，战区集团军总部公共事务参谋机构将得到公共事务机动分遣队的支援，并承担该分遣队的所有任务与职能。

五、军与战区集团军地区司令部公共事务小组

军级公共事务军官是一位中校，任职于军长的侍从／特业参谋机构之中。战区集团军地区司令部公共事务军官是一位中校，任职于战区集团军地区司令部司令的侍从／特业参谋机构之中。当军长或战区集团军地区司令部司令完成部署之后，其公共事务小组将得到公共事务行动中心以及最多 3 个公共事务机动分遣队的支援。

六、师与军支援司令部公共事务小组

师级公共事务军官是一位少校或中校，任职于师长的侍从／特业参谋机构之中。军支援司令部公共事务军官是一位少校，任职于军支援司令部司令的侍从／特业参谋机构之中。当军支援司令部完成部署之后，其公共事务小组将得到一个公共事务机动分遣队的支援；当师完成部署之后，其公共事务小组将得到一个公共事务分遣队的支援，同时每 3 个作战旅还会得到一个公共事务机动分遣队的支援。

七、美国陆军后备队与陆军国民警卫队组成部队公共事务

绝大多数公共事务资产在后备队与国民警卫队组成部队之中，包括超过 65% 的全部公共事务兵力以及 85% 可部署的编制与装备表单位结构。这些后备队与陆军国民警卫队单位与人员必须与现役组成部队实现无缝一体化，并聚焦于支持陆军总体目标。以下将介绍国民警卫队与后备队当中普遍存在的四种类型的编制与装备表公共事务机构。

八、公共事务行动中心

公共事务行动中心由一名中校进行指挥，按照模块化方式进行组织、人员配备、训练与装备，目的是迅速进行部署，支持军事行动。公共事务行动中心能够执行所有的核心公共事务程序，也拥有足够的运输与视听设备，能够为内部受众生成无线、电视与印刷制品，另外还拥有相关资源，能够为到访的媒体提供证明、简报、护送与支持。当公共事务行动中心进行部署以便支持陆军军事行动时，将会得到一个广播作战分遣队与一个公共事务机动分遣队的支援。当旅级规模的单位没有独立的公共事务支持时，那么在军事行动中，公共事务行动中心将得到进一步的支援，也就是每 3 个旅级规模的单位将得到一个公共事务机动分遣队的支援。

九、公共事务机动分遣队

公共事务机动分遣队由一名少校指挥，可以混编成 2 ～ 3 个小队，将被指派给战区、军或联合特遣部队司令部，由高级公共事务军官或公共事务行动中心指挥官进行战役与战术控制。公共事务机动分遣队按照特定的方式进行人员配备、训练与装备，以便迅速实现部署，进而支持旅、师或军规模的特遣部队行动。它的装备与能力类似于公共事务分遣队，但是更为强大。每 3 个旅级规模的分队将分派一个公共事务机动分遣队。

十、广播作战分遣队

广播作战分遣队由一名少校进行指挥，包括一个指挥分队、两个广播小组与一个维修小组。广播作战分遣队拥有足够的运输资产与视听设备，能够建立并运营战地广播电视播报设施，以便支持武装部队广播电视处的运作，或与其他独立设施进行融合，形成一个战区网络。

十一、公共事务分遣队

公共事务分遣队由一名上尉担任指挥官，拥有自己的运输资产与足够的拍照和摄像装备，能够为内部受众生成印刷、广播与电视产品。公共事务分遣队通常支持师或旅级规模的特遣部队行动。

第五节 | 联合与联军公共事务机构

一、负责公共事务的助理国防部部长

按照国防部5122.05号指令的规定，负责公共事务的助理国防部部长是国防部部长的首席参谋顾问，也是国防部常务副部长的顾问，负责在国防部新闻媒体关系、公共联络、内部沟通、社区关系、公共事务、视觉信息训练以及视听事务方面提供咨询。负责公共事务的助理国防部部长的职责包括制定宣传政策、规划与计划，还包括确保信息能够自由地流向新闻媒体、普通公众、国防部内部受众以及其他适用的论坛。信息自由传播仅受到国防部5200.1号指令与其他适用的法令或豁免条款中有关国家安全规定的限制。负责公共事务的助理国防部部长向国防部部长直接报告，并充当唯一的发言人，负责将国防部信息与视听材料发布给新闻媒体代表。负责公共事务的助理国防部部长或其委任代表将在五角大楼面向记者团举行新闻媒体发布会。

二、联合新闻局

联合新闻局是由联合部队司令部司令组建的一个机构，负责在联合作战期间充当军方与媒体之间的联络单位。联合新闻局的规模与组成情况各有不同，根据任务的需求以及各军种的参与程度而定。陆军部队至少会在联合新闻局中配备一个陆军小组。然而，通常情况下，将由公共事务军人在联合新闻局的各个科（包括规划科、媒体便利化科以及内部信息科）中进行工作。

三、联军新闻局

联军新闻局在组织结构与职能方面类似于联合新闻局，但其目的是支持多国军事行动。它也可以被称作盟军新闻发布中心。上述多国新闻局允许各个盟军或联军“用同一个声音说话”并阐述各个国家的角色。

四、五角大楼记者

自国防部于 1947 年成立以来，五角大楼中便设有媒体代表。20 ~ 25 名记者得到了国防部的同意，在五角大楼中拥有免租金的办公室，只需支付自己的家具、电话与办公用品。上述 20 ~ 25 名常驻记者以及其他 75 名代表各大通讯社、报社、新闻周刊、行业杂志以及广播电视网络的记者拥有正规的国防部五角大楼通行证，可以在无人陪同的情况下进入五角大楼内部非限制区域。这一做法对媒体与军方都有利，因为公众感兴趣的国防部信息能够迅速地发布给这些记者，而这些记者已经熟悉国防部的任务、行动与结构。这些记者经常参加五角大楼举行的负责公共事务的助理国防部部长新闻发布会。

五、国防部国家媒体池

国防部国家媒体池是少数的新闻媒体，这些媒体代表大量的新闻媒体机构，负责在特定的活动期间收集新闻并共享材料。在新闻媒体支持资源无法容纳大量记者时，通常会运用媒体池。国防部国家媒体池可用于报道紧急事件的早期阶段。另外，作战司令部指挥官可能也会发现有必要建立当地媒体池来报道特定的任务。大约由来自各个国内新闻机构的 16 名媒体代表组成国防部国家媒体池。在最低限度上，媒体池成员需要：听取每日、综合与非保密的作战新闻简报；了解正在进行的作战行动；合理地访问重要人员；配备一名陪同人员（通常为中校或上校）来协调媒体池的支持与访问工作；交通与行程的规划与协调。一旦有条件在作战区域实行开放式访问，那么国防部国家媒体池就应该解散。

六、联合战斗摄像组

联合战斗摄像组使得联合部队司令部司令能够提高完成作战与公共事务任务的水平，所获得的静态与视频图像既可以作为有用的作战信息，也可以在获得作战保密许可之后作为产品分发给新闻媒体代表与军队公共事务机构。战斗摄像组通常可以在新闻媒体代表与军事记者不能进行采访的事件与区域中进行作业。他们拥有相应的技术能力，能够及时传输来自军事信息环境中的图像。因为部署的战斗摄像小组将在行动的整个过程中提供支持，所以非常有必要在整个规划周期内确定公共事务图像需求并对这些需求进行优先排序。

第六节 | 信息媒体

一、新闻媒体

新闻媒体是指一种特定的媒体，通过该媒体，新闻媒体人员在与军队交往的过程当中呈现他们的作品，并确定不同的需求与预期。在任何军事行动中，时间掌握都极其重要。同时，对媒体的时间期限、需求以及将部队事件报道给美国公众的能力进行基本的分析，有助于指挥官的公共事务计划,也能够更好地满足媒体的要求。由于当今通信技术的进步，我们差不多可以从任何有卫星通信的地方向全世界进行同步报道。新闻媒体报道的竞争将变得十分激烈，有一种趋势是：寻求进入作战区并对事件进行实时报道。

二、电视

电视新闻播报通常在一天之中有固定的时间段。电视的内容主要包括视频画面、根据摄像机画面撰写的脚本以及一些时长 5 ～ 8 秒的“原声片断”，这些片断来自于对事件目击者、专家或参与者（他们的话与摄影师摄制的事件视频相符）的摄像采访。指挥官与参谋军官的长篇幅回答很少会登上荧屏，所以公共事务官将建议运用谈话要点的方式，以帮助指挥官与受访者将部队的信息以电视最有可能使用的方式发布出去。

三、娱乐媒体

电视新闻节目的娱乐功能与信息传播功能一样多，或许还超过信息传播功能。部队的信息可以通过各种媒体进行传播，而与娱乐媒体打交道则需要开展一些富于想象力的工作。既然指挥官不应拒绝媒体进入，那么就应该做好准备优先考虑对媒体进行支持，同时完全有权寻求通过媒体将自己的信息传达给美国公众。

四、无线电广播

无线电广播是一种即时媒体。实时无线电广播新闻播报很容易进行变更，甚至在播报过程中也是如此。“热点”消息可以轻易地插播到正常节目之中。声音与电视相比，来自指挥官或其发言人的详细消息将得到更多的广播时间，因为依靠声音与文字来为听众描绘出整个情况是最快捷的方法之一。无线电广播新闻办公桌与消息源的距离只是一根通信线路的距离，所以消息能够在几分钟之类就可以进行播报。

五、印刷制品

报社往往遵循严格的时间期限，通常按时将报纸送到美国人的早餐或晚餐桌上。记者在发送新闻之前，可以花费数小时或数日来采访某个单位。通过增加报刊业记者对报道的注意度，该单位很可能将在报道文章当中获得更多的“版面”。记者在一个单位中花费的时间越长，就越会对该单位产生依恋感。

日报与周刊在即时性与图片需求方面有所不同。周刊往往需要很多彩色图片，同时聚焦于任务的分析性、不受时间影响，而日报则聚焦于前一日所发生的事情，并运用可以进行电子传输的黑白照片。某一报社的记者能够使指挥官利用一份报纸发布信息，诸如美联社之类的通讯社则可以为指挥官及其公共事务军官提供更多向美国公众发布信息的机会，因为很多报社都向通讯社订购消息，因而报道能够出现在许多报纸之中。

六、电影产业支持

陆军公共事务主任办公室在洛杉矶与纽约设有下级办公室，主要负责总部与位于上述地区的娱乐产业与网络进行联络。这些办公室负责协助广播、电视与电影专业人员处理与美国陆军相关的所有事务。它们是当地的权威性陆军信息来源，并为制片人、作者、道具师、服饰总监以及导演等提供认证、验证与有限的研究。它们还为编剧提供协助与建议，包括审查草稿以及在脚本定稿之前提供更改建议。陆军对一个项目的支持取决于脚本能否真实地描绘陆军以及陆军人员。这些办公室还可以：安排并协调市场上无法买到的陆军装备与补给品的使用；协调针对陆军库存资料片的请求；安排并协调陆军军事设施或不动产的使用（用于外景拍摄）；在接到请求时安排军人志愿人员参与项目。

七、因特网

最具活力的新闻来源之一为因特网。超过60%的美国人会从因特网获取新闻。陆军现在运用因特网来进行招募并发布信息，因为因特网是一个非常强大的媒体，且成本较低。因特网已经从一种新闻投送手段演变成了提供突发新闻的重要力量。

电子邮件是为军人及其家属、文职人员以及承包商提供信息的另一种重要新闻工具。司令部需要确立网上内部信息的单一来源，而根据国防部政策，公共事务办公室应该对司令部网站上的内容负责。因特网可以成为一种强大且有效的手段，能够为广大受众提供信息，允许进行双向沟通，并且能够用来为公众提供准确而及时的信息。陆军也在利用社交媒体（比如“脸谱”与“推特”）来与美国公众以及陆军内部受众进行交流。这种以“实时更新”为基础的新型、迅速发展的网络是全球性的。在许多事件中，在传统新闻媒介缺席的情况下，社交媒体（比如“推特”）成为了主要的信息来源，这些事件包括：2011年的日本地震与海啸，突尼斯、埃及与利比亚的革命抗议活动以及2010年国防高级研究计划局研究项目。在认识到这种高效网络的效能与即时性之后，指挥官需要确切了解在使用这些媒体进行战术对话时的战略影响，并确保信息能够得到适当的整理。

第七节 | 小结

全球信息环境使得突发新闻几乎可以同步传递到美国人的客厅之中，技术已经使得新闻机构与因特网中的全天 24 小时新闻成为可能。这削弱了传统新闻机构的优势地位，加剧了对新闻以及美国公众的注意力的争夺。但是，新闻固有的要素却始终没有发生改变。美国公众仍然像往常一样关注发生在美国军人身上的事情，特别是他们在执行作战任务时。美国陆军参与的军事行动的数量与种类越来越多，也越来越复杂，已经吸引了公众与媒体的诸多关注，并且在未来也将继续具备吸引力。

作战保密的需求永远是军方的关切，但是这一考虑不应该阻碍陆军与美国公众进行实时交流。在未来冲突中，媒体能够通过卫星传输文字、声音或图像，所以确保作战保密的最为可行的解决方案包括：实行源头保密；媒体接受并理解一套明确的基本准则；军队与报道军事行动的媒体进行诚实互动。在上述环境下确保作战保密也意味着军人及其领导应该在下一次冲突发生之前完成与媒体打交道的训练。

信息作战涉及民事、心理战与公共事务信息，这些信息按照定义来说有相互重叠的地方，且会被军人、媒体与敌人同时接受。信息的一致性与真实性的重要性此时变得极为重要。全球信息环境以及不断演进的信息技术使得信息与消息必须在所有层面上实现一致性。

我们可以想象，指挥官在赢得战斗的同时，却因为将媒体排除或试图排除在自己的军事行动之外而输掉信息战。更糟糕的是，在军事行动期间，将媒体排除在军事行动之外，或者让媒体产生恶意，意味着陆军的消息将不为人所知，或者得到误传，从而造成美国公众不理解他们当初组建陆军的原因。只要美国陆军认为自己在的国家军事战略中担任着一定的角色，就有义务让美国民众明白陆军是如何完成所委派的任务的。

第五章
面向民政当局的国防支援

★ 第一节 | 引言

一、面向民政当局的国防支援概览

美军的主要任务是对军队本身进行组织、训练与装备，同时计划并执行作战与维稳行动。然而，在民政当局要求或总统指示时，美军也拥有强大的能力，能够针对各种国内紧急事件与灾难迅速作出反应并提供支援。国防部在文职人员的控制下根据国防部职业道德的基本原则执行这些行动。总统宣布对州与当地政府进行力量与资源方面的补充之后，联邦军队通常会作出反应并支援另一个联邦机构。基于美国的政体并根据美国的历史经验，军方不得牵头针对任何国内的紧急情况或灾难的联邦响应行动。

国防部指令 3025.18 号将面向民政当局的国防支援定义为“民政当局为国内紧急事件、执法以及其他国内活动（或其他有资质的机构为特殊活动）申请援助时，作为响应，由美国联邦军队、国防部文职人员、国防部合同人员、国防部组件资产以及国民警卫队部队提供的支援”。该指令指出，面向民政当局的国防支援也称为民事支援。本书付印时，出现了一个新的术语。国民警卫队民事支援有望在国民警卫队条例 500-1 中被采用，其定义为：“由数个州的国民警卫队为民政当局提供的支援，旨在应对国内紧急事件或指定的执法与其他活动。”

面向民政当局的国防支援是武装部队的一项十分重要的任务，对陆军而言尤其如此，因为陆军通常提供主要力量。野战手册 -1 曾经将面向民政当局的支援确定为陆军的一项核心能力。在现有程序的范围内，武装部队拥有一个定义明确的基础，可以指导自己参与国内紧急事件及灾难。

二、面向民政当局的国防支援的宪法与政策基础

运用军队支援民政当局这一做法源于宪法中规定的美国国家的核心价值，宪法期望在美国国内运用联邦军队。宪法第一章第 8 节规定："国会有权……为号召民兵执行联邦法律、镇压暴乱以及驱逐侵略作出规定。"第二章第 3 节规定总统"……必须确保法律得到切实执行"。宪法第十修正案为联邦政府（包括国防部）提供援助以便支援州以及地方当局提供了法律基础。其中有一部分是这样规定的："既未被宪法委托给美国也未被宪法禁止的权力必须保留给各州……"。

国家安全战略确定了关键的国家利益，比如保护美国人民的生命与安全，维护美国的主权以及保持国家及其人民的繁荣。国土安全国家战略进一步地聚焦于保护美国本土免受恐怖袭击，同时要求军队在发生紧急事件时支援民政当局。2005 年 6 月，国防部发布了第一份国土防御以及民事支援战略。所有上述战略都认为，美国军队可以应对除作战之外的多种国家需求，且面向民政当局的国防支援为满足美国国家安全需求作出了很大的贡献。

三、国内军事支援的历史背景

从美国国家建立之时起，陆军就在有需要时支援过民政当局。洪水、暴乱、飓风、地震以及森林火灾都是该类情形实例，这些情形要求美国部署国民警卫队，且偶尔要求联邦武装部队提供援助。为了达成国家在应对恐怖主义、大规模杀伤性武器以及非法毒品交易方面的目标，也使得我们运用军队来补充民事力量，面向民政当局的国防支援的有关法律与政策随着国家的成长以及应对反复发生的危机与灾难而不断演变。

1787 年，当美国的国家建立者齐聚费城起草美国宪法时，谢伊叛乱（Shay's Rebellion）还历历在目，暴动也是担心的因素。为了保护政府的存续，他们设立了相关机制来镇压叛乱或暴乱并执行法律。1794 年发生的威士忌暴乱（Whiskey Rebellion）使人们有了一个基本的认识（已载入当今的法律之中），即军队应该支援民政当局。纳税人的反抗与日益

加剧的暴力使得总统作出响应，也导致民兵转入联邦现役并进行部署。在应对针对联邦统治的威胁期间，华盛顿总统的指示是军队必须支援地方官员，这一原则成为面向民政当局的国防支援的法律、政策以及程序的基础。

在威士忌暴乱之后，军队在很长一段时间内都协助民政当局执行国家法律。对于当今的法律与政策而言，1995 年 4 月针对俄克拉何马市阿尔弗雷德·P. 默拉联邦大楼的恐怖袭击是一次重大事件。袭击发生之后，克林顿总统发布总统决策指令第 39 号与第 62 号，这两项指令明确了各个联邦机构在反恐与打击恐怖主义方面的角色与任务。上述文档对以下术语进行了定义：危机响应、后果管理以及主要联邦机构。这些术语又被最近的文档（特别是国土安全总统指令 –5）赋予了新的意义。

现在的灾难响应组织、系统以及程序都是从美国大陆陆军司令部（1973 年撤编）的民防任务演变而来的。卡特总统第 12148 号命令组建了联邦应急事务处理局，并将之前由大陆陆军司令部执行的许多任务转移给了联邦应急事务处理局。1988 年斯塔福德救灾与应急援助法案以及第 12656 号命令（将总统的斯塔福德法案中的大部分权力委托给联邦应急事务处理局局长）是确定当今跨机构职责的重要依据。军队在历史上一直在发生国家紧急情况时负责确保政府的连续性，而第 12656 号命令则确定了机构责任并改进了这些程序。

2001 年 9 月的恐怖袭击与 2005 年卡特里娜飓风之后，美国处于另一个不断变化的周期之内，思考如何改变军队支援民政当局的方式。国防部行政与行动代理职责从陆军分别转移至了国防部部长办公室与联合参谋部。国土安全总统指令 –5 指示将联邦、州以及地方协调结构、能力以及程序调整为一个统一、全准则、全风险的针对国内事件管理的方法。该指令整合了危机响应与后果管理，同时认识到所有机构在应对灾难或紧急事件时都会依据法律与政策保留它们自己的权力与职责。

四、当今国防部在国土安全中的角色

国土安全国家战略（2002 年）将国土安全定义为“一种共同的国家努力，旨在预防美国国内的恐怖袭击，降低美国面对恐怖主义的脆弱性，同时在确实发生恐怖袭击后将损害降至最低并尽快恢复”。卡特里娜飓风发生之后，许多观察家预计下一份国土安全国家战略会扩充国土安全的定义，使之包括自然与其他人为灾难。然而，虽然认识到了化学、生物、放射与核大规模杀伤性武器对美国国家的安全构成了空前的威胁，但是 2007 年的国土安全国家战略对国土安全的定义没有改变，仍然侧重于恐怖主义。2001 年 9 月 11 日之后的 10 多年内，针对美国的明确而现实的威胁使得国防部的国土安全文化与能力发生了很大的变化，特别是民事支援或面向民政当局的国防支援任务。

国防部国土防御与民事支援战略（2005 年）确定了两种宽泛的任务领域：国土防御与民事支援（或面向民政当局的国防支援）。该战略运用“牵头、支援或赋能”架构，将国防部的保护美国免受直接攻击的活动进行分类。国防部担负着国土防御的牵头责任，同时也是负责国土防御任务的主要联邦机构。国土防御是国防部的主要责任，其定义是“保护美国主权、领土、国内人民以及重要的防御基础设施，使其免受外部威胁与侵略或总统规定的其他威胁”。本章不阐述国土防御，只介绍面向民政当局的国防支援。

国防部过去不愿承担民事支援任务，而是将该任务视为在可以提供援助或拥有可用的资源来提供援助的情况下才接受的任务。对于今天的国防部来说，最重大的改变是：由于美国本土面临着空前的威胁，所以国防部必须能够开展放射、核、生物、化学与高爆爆炸物的后果管理，并将该工作当作美国国家安全工作不可分割的一部分。2008 年的《国防授权法案》首次指示国防部为该任务提供预算资金。本章将阐述国防部如何使用这些资金来改变自己的国防支援角色。

同样与国防部国土安全设计相关的是任务确认，任务确认包括多项活动，这些活动旨在发生国家安全紧急事件时确保国防部对总统与国防部部长提供支援。传统上对任务确认的描述是为国土防御以及面向民政当局的国防支援提供基础，具体方法是对国家的政府连续性以及行动连续性计划提供支持，这些计划旨在确保实现持久的宪政。在联邦层面上，政府连续性是政府各个分支的一项共同努力，旨在确保在危机中能够继续履行最低限度的基础职能；行动连续性是政府各个部门、机构以及组织的一项内部努力，旨在确保在支援政府连续性与持久的宪政时能够继续进行运作。

五、面向民政当局的国防支援原则

在接到民政当局的申请并经国防部部长批准之后，国防部会为民政当局提供国防支援。在接到总统或国防部部长的指示后，或者在得到单独组建的权力部门的授权之后，国防部也能提供支援。

国防部国土防御与民事支援战略（2005 年）重申，保护美国本土免受袭击是国防部优先等级最高的事项。除非国防部部长另有指示，否则正在开展的军事或国土防御任务的优先级别应高于面向民政当局的国防支援任务。

国防部根据适用的法律、总统指令、行政命令以及国防部政策向民政当局提供国防支援，在此过程中，由承担绝对、公共责任的官员进行监督，同时维护美国的宪法原则与公民自由。

通常应该先使用民事资源，而只有当联邦应急事务处理局或其他担负主要责任的联邦机构认定需求超过民政当局的能力时，才会向民政当局提供国防支援。面向民政当局的国防支援应该强调国防部独特的技能与结构，并且应该在范围与持续时间方面有所限制。

国防部通常利用既定的协议与计划通过指定的联邦机构向民政当局提供国防支援，这期间需要接受民事法律的指导，也要遵循一个原则，即联邦政府只负责协助州机构，但也有例外，就是在发生恐怖主义事件时。

除非在法律中有规定或国防部部长发布指示，否则国防部各部门不得因为向民政当局提供国防支援而专门采购或保有补给品或装备。

在任何时候，军队都应该由国防部执行代理进行军事任务指挥与控制。

国防部各部门不得履行民事政府的任何职能，但在绝对必要时除外（只可以临时履行）。

向民政当局提供国防支援时应该由民政当局承担开支。针对总统宣布的灾难，主要依据《斯塔福德法案》，而针对其他情况，则主要依据经济法案。只有国防部部长或总统有权批准偿付弃权。

六、面向民政当局的国防支援的任务集

在发布本书时，该领域的许多国防部指令、指示与手册已经过时了。虽然有一些已经开始替换（如国防部指令 3025.18，日期为 2010 年 12 月 29 日），但是有许多仍然早于 2001 年 9 月。

民事骚乱军事援助这一术语已经被民事骚乱行动所替代。虽然面向民政当局的军事支援这一术语仍然在许多州的国民警卫队中处于使用状态，但是已经不再属于联邦术语，并且应该不久就会被国民警卫队面向民政当局的国防支援所替代。读者应该注意到，有些仍然需要更新的国防部文档还在将面向民政当局的军事援助这一术语作为一个重要的术语，包括以下 3 个任务集：面向民政当局的军事援助、民事骚乱军事援助以及面向民事执法机构的军事援助。

面向民政当局的国防支援的环境十分复杂且高度动态，所以很难明确而一致地对各种任务进行简单的分类。我们在此也使用联合出版物 3–28（民事支援）中的分类（这些分类与最近发布的陆军野战手册 3–28 有稍许不同），但是读者应该明白这些分类有所重叠且有可能会同时有效。例如，某项特殊活动中的一个事件可能会导致总统宣布紧急状态，进而成为一项已宣布的紧急事件。随后的章节将对这些类别进行解释并阐述多个（但并非全部）任务集，国防部有可能会被要求来为这些任务集提供支援。

（1）灾难与紧急事件很可能是由总统宣布的，但也有可能不是。事

实上，地方指挥官请求立即响应权的大多数实例都属于这一类别。灾难与紧急事件可以是自然的或人为的。实例包括：自然灾害（洪水、暴风雪、地震等），野外灭火，放射、核、生物、化学与爆炸物后果管理以及其他。

（2）恢复公共健康与服务以及公民秩序，包括民事骚乱行动以及在公共服务部门雇员罢工或停工时（比如 1970 年邮政罢工与 1981 年空中交通管制员罢工）提供支援。另外，还包括总统指示的重要基础设施保护。如果不是已宣布的紧急事件，这一类别也可以包括大规模移民紧急事件、边境安全、动物疾病消除以及其他。

（3）特殊活动包括所有特别的活动，通常由负责批准国防支援的国土安全部特殊活动工作组进行分类。实例包括：童子军大会、奥运会、超级碗、世界职业棒球大赛以及其他。国家特别安全事件是一个次级类别，由于规模较大或十分重要，所以国土安全部部长将其指定为国家特别安全事件。美国情报机关担负安全规划与执行的责任。近来的实例包括总统就职、民主党与共和党全国会议以及国葬。

（4）周期性、计划内的支援是一种范围很广、经常发生的面向民政当局的支援类别，其目的是加强民事－军事关系并满足当地社区、州以及其他联邦机构的需要。

第二节 国内紧急情况管理环境

一、全国性事件管理

分级响应。对于那些不熟悉面向民政当局的国防支援领域的人来说，需要了解一个最为重要的概念，即我们国家传统上采用一种“自下而上”的紧急情况管理方法，具体分为三个级别的支援：地方支援、州支援以及联邦支援，如图 5-1 所示。响应国内灾害以及紧急事件的主要责任落在了能够有效处理这些事件的最低层级的政府部门身上。如果状况超出了地方的能力范围，地方当局通常会在请求州援助之前按照互助协议向邻近的管辖区寻求援助。类似地，如果州的能力仍不足够，州当局在请求联邦援助之前会按照现有的协议与契约从其他州寻求援助（包括未转入联邦现役的国民警卫队）。如果发生大规模或灾难性的事件，可能会获得联邦援助。当情况需要时，可以提供防务资源；也可以在州（州控制的国民警卫队部队）以及联邦层面获得军事支援。州内以及各州之间的地区响应（而不是指定级别的支援或某一层级的民选当局）正在日益变得重要。

重要的国家响应文档：全国事故管理系统与国家响应框架一起提供了一种单一、综合、全国范围的事件管理方法。全国事故管理系统为事件管理提供了一种行动模板。国家响应框架为事件管理提供了国家层面的政策结构与机制，可被视为一个框架，该框架负责将联邦支援整合进州以及地方政府的工作之中。

（1）全国事故管理系统确定了一套核心的概念、原则、术语以及组织程序，以便在所有层级的政府部门中实现高效、协同的事件管理。响应机构保留它们所有的管辖权与职责，并对自己的职能进行作战控制。因此，

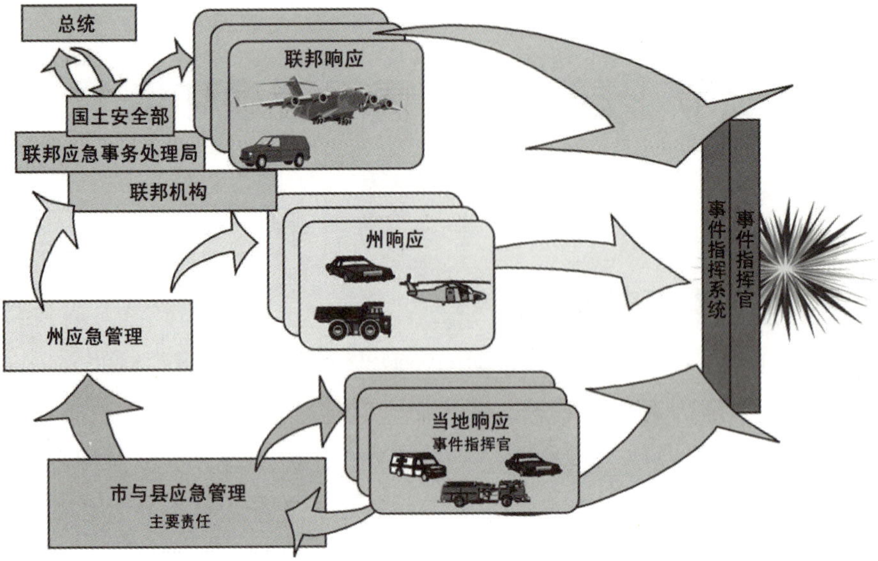

图5-1　灾难/紧急事件分级响应

对于不熟悉面向民政当局的国防支援的人来说，会形成另一个重要的概念，即国内紧急事件管理行动更注重努力的一致性，而非指挥的一致性，但大多数服役人员更熟悉后者。全国事故管理系统的其他一些信息包括：

①国土安全总统指令 –5“国内事件管理”规定由国土安全部长负责开发并管理全国事故管理系统。国土安全总统指令 –5 要求所有的联邦部门与机构采用全国事故管理系统，并将州与地方政府采用该系统作为获取联邦援助的条件。

②全国事故管理系统的目标是提供一个一致、全国性的模板，以便使联邦、州、地方与部族政府以及私人部门与非政府组织能够高效地进行合作，进而针对各种原因、规模或复杂程度的国内事件进行准备、预防、应对以及恢复。

（2）国家响应框架制定了一个全准则、全风险的方法，以便让联邦政府能够以某种全国一致努力的方式来为事件进行准备与应对。它确定了一种综合的国内事件管理方法，以便针对恐怖袭击、大规模灾害以及其他紧急事件进行准备、应对与恢复。国家响应框架运用全国事故管理系统，是国家事件管理的核心运作框架。

①国家响应框架适用于所有需要与州、地方、部族、私人部门以及非政府机构协同开展协调性联邦响应的事件。该框架适用于所有参与协调性联邦响应的联邦部门与机构，也适用于像美国红十字会以及全国灾难救援志愿组织这样的非政府响应机构。

②国家响应框架总是有效的，其对各个要素进行有选择的实施提供了灵活性，以便满足任何情况的独特需求。它使得在联邦、州、地方、部族、私人部门以及其他非政府机构之间能够实现有效的互动。

③针对灾害与紧急事件的联邦援助可以分为两个大的类别。《斯塔福德法案》提供了相关权力，以便针对大多数灾害协调联邦响应工作；图 5–2 提供了一个图示，展示了《斯塔福德法案》指导下的最初的联邦参与情况。图 5–3 以图表的形式概述了在非《斯塔福德法案》的情形下联邦对联邦

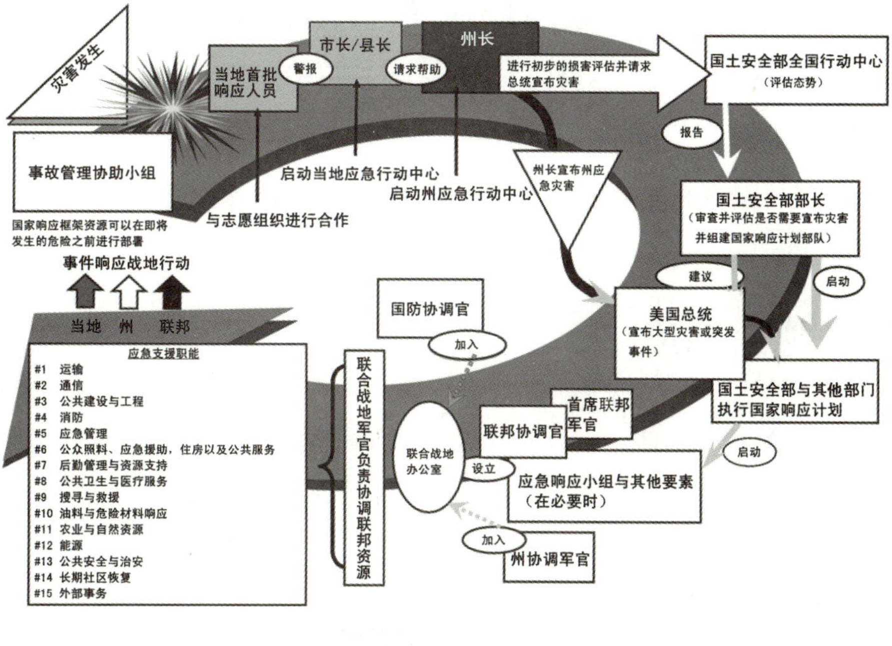

图5–2 国家响应计划（依据《斯塔福德法案》）

的支援。

（d）灾难事件附件是国家响应框架的一个独立的支持性文档。该文档制定了一个总体战略，以便针对灾难事件开展并协调“快速而积极的响应工作”。

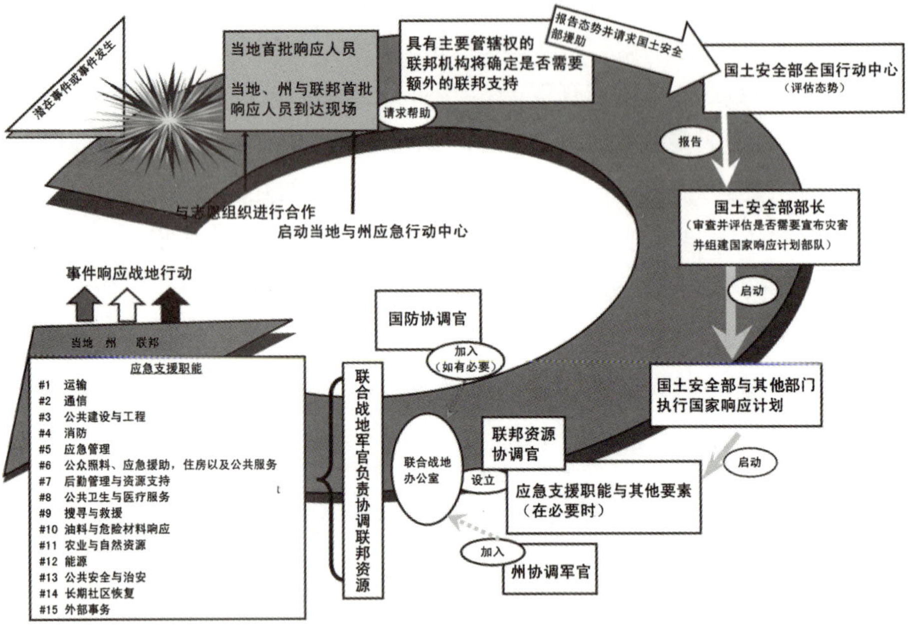

图5–3　国家响应计划（不依据《斯塔福德法案》）

二、地方响应

灾害发生之后，地方响应人员会立即首先抵达现场。首批响应人员通常包括执法、消防、紧急医疗勤务以及危险材料小组。在事件现场，地方当局将依据事故指挥系统（全国事故管理系统的一个主要部分）组织各个响应人员。为民政当局提供国防支援的军队将与事故指挥系统进行互动，同时也是该系统的一部分。

事故指挥系统。全国事故管理系统将事故指挥系统确立为标准化的组织结构，以便对所有国内事故进行管理。事故指挥系统的特点包括：

通用术语、模块化的组织、以目标为导向的管理、依赖事件行动计划、可管理的控制范围以及一体化通信。在事故指挥系统中，有5个主要职能领域：指挥、行动、后勤、规划以及财务。传统上，信息与情报职能属于规划部分，但是在情况允许的情况下，全国事故管理系统的事故指挥系统可以将情报从规划中剥离，并作为第六种职能领域加入进来。事故指挥系统的一个优良特点是具备灵活性，能够适应所有情况，包括洪水、危险材料事故、坠机以及地震。这是一个能够适应所有危险的系统。其足够灵活，能够管理涉及成千上万的响应人员的灾难性事件，因此数个层级的指挥都成为可能：

（1）单一的指挥结构为指挥官提供了合理的控制范围。事故指挥官通常是为事件负责的某个机构的高级响应人员，比如消防队长或警察局长。事故指挥官只有一位，负责组建事故指挥所，以便指挥行动。

（2）联合指挥。如果情况有需要，事故指挥系统具备一定的灵活性，能够允许一个或多个机构协调并联合各项独立的工作。事故指挥系统可以从单一的事故指挥官系统转变成一个联合指挥结构，以便担负不同的法律、地区与职能责任的机构能够进行有效的协调、规划与互动。在联合指挥结构中，由各自的主管部门任命的人员共同决定目标、计划与优先事项，并通过合作来执行这些目标、计划与优先事项。就全国事故管理系统事故指挥系统中所指的联合指挥而言，上文提到的统一的努力得到了彰显，所有的响应机构与组织都对事故指挥官提供支持，同时又没有放弃各个机构自身的权力、职责或责任。规模大到需要国防部提供支援的事故必定是由多个主管部门提供联合指挥。

（3）另外，还成立了区域指挥机构，目的是监督由单独的事故指挥系统处理的多个事故的管理工作，或者监督涉及多个事故指挥系统的超大规模事故的管理工作。区域指挥只有在必要时才会启动，取决于事故的复杂程度以及控制范围方面的考虑。区域指挥机构并不承担作战职责。其职能包括：设定优先事项；按照既定的优先顺序分配资源；确保有效的沟通；确保达成事故管理目标且这些目标不会相互冲突或与政策相冲突。

为了对自身的能力进行补充，当地政府与周围的社区签订了互助协议。这些协议通常在地方当局申请州援助之前得到启动。

三、州支援

美国宪法以及州宪法赋予了州长执行各自州法律的权力。作为州长，他们是州国民警卫队的总司令。美国领地与属地的总督也被赋予了类似的权力。一旦发生灾难，州长将决定是否响应当地政府的援助请求，并在适当时宣布进入紧急状态，启动州响应计划，并依据州命令召集国民警卫队。州长向联邦应急事务处理局地区主任通报自己的措施，并在州资源不足时请求联邦援助。

州紧急事务办公室。所有的州都设有一个负责协调并执行紧急战备规划、训练与演练且在紧急时充当州长的协调机构。各州的此类办公室的名称各不相同（比如，应急管理局、公共安全局、州应急管理办公室以及应急战备办公室）。州紧急事务办公室通常是州长管辖的独立办公室，或隶属于州副长官或州警察局。各州的主管紧急事务办公室的高级官员各不相同。有些州设有单独的紧急事务办公室主任以及国土安全局局长。有些州将上述两个职位合二为一，另外还有些州指定由州副长官兼任紧急事务办公室主任。本书以前的版本曾尝试标出由州副长官兼任紧急事务办公室主任的州，但是由于经常变更，所以现在我们不再做这项工作。

州国民警卫队部队特别适合为当地以及州机构提供军事支援。国民警卫队是大多数自然或人为灾难与紧急事件的主要军事响应方。其熟悉当地状况与地理环境，且作为州民兵部队不会受到联邦部队所受到的一些限制（主要是《地方保安队法案》）的束缚。

(1) 国民警卫队开展工作的状态分为三种：州状态（州拨款与州控制）、《美国法典》第 32 卷状态（联邦拨款与州控制）或《美国法典》第 10 卷状态（联邦拨款与联邦控制）。州民事支援任务通过州长的行政命令得到授权，而州长将为使用联邦装备与设施而向联邦政府进行偿付。州长必须依据州法律与宪法使用国民警卫队的资产。

（2）州国民警卫队联合部队司令部负责为州与联邦任务组织、训练、规划并协调国民警卫队单位与分队的动员活动。州国民警卫队的部署与运用由联合部队司令部进行指挥。

在出现紧急情况时，州经常依据协议或应急援助契约请求其他州提供援助。

（1）规模最大最有名的契约为应急管理援助契约。应急管理援助契约能够加速州之间的应急响应资产的使用，且可以涵盖包括国民警卫队部队在内的所有类型的支援。执行援助时，由另一个州提供的资产将由提出援助请求的州长进行控制。

（2）应急管理援助契约于 1996 年作为公共法律 104–321 由国会首次批准。自那时以来，已经得到了全部 50 个州、哥伦比亚特区以及两处领地（波多黎各与美属维尔京群岛）的批准。依据应急管理援助契约提出的援助请求是具有法律约束力的协定，而请求援助的州则负责偿付州外人员的花费。联邦应急事务处理局承认依据应急管理援助契约提供的跨州支援是应该进行偿付的。各州只有在有能力的情况下才会被要求援助其他州。

★ 第三节 | 联邦在国家响应程序中的角色

一、主要的联邦部门与机构

国土安全部部长、国土安全部以及联邦应急事务处理局。根据国土安全总统指令 -5 中的规定，国土安全部部长是美国主管国内事故管理的首席联邦官员，负责针对恐怖袭击、大规模灾害以及其他紧急事件进行准备、应对与恢复。通过联邦应急事务处理局，国土安全部长负责有效地管理联邦响应与恢复工作。联邦应急事务处理局也负责发起积极的活动，训练首批响应人员，并管理国家洪水保险计划。联邦应急事务处理局总部位于华盛顿特区，下设 10 个地区办公室、3 个后勤中心、2 个训练中心以及其他特殊用途场站。

美国司法部长、司法部与联邦调查局。依据国土安全总统指令 -5 中的规定，司法部长负责对美国内部或以海外的美国公民或机构（属于美国联邦刑事司法权的范围）为目标的恐怖活动或威胁进行刑事调查。依据 1947 年的国家安全法案、其他适用的法律以及行政命令 12333，司法部长还负责在美国收集相关的情报。一般情况下，司法部长还负责与其他联邦部门、机构一起，通过联邦调查局来协调法律执行部门的活动，以便发现、预防、预先制止以及挫败针对美国的恐怖袭击。

国防部。考虑到国防部拥有大量可用于支援联邦国内事故管理工作的资源，国土安全总统指令 -5 规定："在接到总统指示时，或在符合军事战备且符合形势与法律时，国防部部长必须向民政当局提供军事支援，以便处理国内事故。国防部部长将保留针对提供民事支援的军队指挥权。"

其他主要的部门与机构。在该节中，没有足够的篇幅来阐述多个相关的联邦组织，这些组织在国防部提供支援的各种紧急事件与其他活动中担负重要的职责。另外，还有大量涉及国防部的指令、协议／谅解备忘录、法律以及其他协定。国防部中可以提供支援的许多（但不是全部）主要联邦机构都列入了国家响应计划的紧急支援职能框架（表 5–1）之中。

二、负责国家响应框架的响应与恢复工作的联邦结构

该节将阐述参与国家响应框架的重要组织与关键人员。

地区响应协调中心。在总共 10 个联邦应急事务处理局地区中，每个地区都有一个地区响应协调中心，这些中心是一个由国土安全部／联邦应急事务处理局运作的常设机构，负责协调地区响应工作，确定联邦优先事项，并在发生灾难时协调联邦支援，直到成立联合战地办事处。地区响应协调中心负责与相关的州应急行动中心以及国土安全部国家行动中心建立通信。联邦应急事务处理局以及跨机构代表将根据需要为地区响应协调中心配备人员。

联合战地办事处是在受灾地区成立的临时性联邦机构，旨在为联邦、州以及当地执行官协调行动提供一个中心机构。虽然联合战地办事处采用事故指挥系统结构，并随着状况的规模而进行调整，但不负责管理现场行动。其注重为现场工作提供支援并执行范围可能超出事故现场的更广泛的支援行动。当事故影响到多个州或地区时，可以成立多个联合战地办事处。联合战地办事处遵循全国事故管理系统事故指挥系统的联合指挥原则，其活动由联合战地办事处协调小组进行指挥，该小组包括以下官员：

（1）首席联邦官员

首席联邦官员是由国土安全部长任命的，目的是作为地区性代表来监督、协调并执行国土安全部长的事故管理职责。国家响应框架规定，首席联邦官员不会取代事故指挥机构，也不会拥有向联邦协调官或

高级联邦执法官下达指令的权力。最有可能的情况是，国土安全部长只会为复杂的巨大灾难、恐怖活动或具有重大的全国性影响的复杂的紧急事件任命首席联邦官员。

（2）联邦协调官

联邦协调官负责为《斯塔福德法案》中规定的灾难与紧急事件管理并协调总体的联邦响应与恢复活动。联邦协调官是联合战地办事处的主官，与州协调军官一起确定并满足州与当地的支援需求。联邦协调官负责按需要协调联邦部门与机构并为其分配任务。

（3）联邦资源协调官

联邦资源协调官在非《斯塔福德法案》规定的情形下，如果某个联邦部门或机构依据自身的权力请求国土安全部的援助，以便获得来自其他联邦部门与机构的支援，那么国土安全部将任命一位联邦资源协调官而非联邦协调官。在上述情况下，联邦资源协调官负责协调通过跨机构协议与谅解备忘录而获得的支援。

（4）高级联邦执法官

高级联邦执法官是来自于拥有主要管辖责任机构的高级执法官员。他负责指挥情报与调查性质的执法行动，并在现场为联合指挥机构的执法部门提供支援。如果出现恐怖事件，高级联邦执法官通常由联邦调查局主管特工担任。

（5）高级联邦官员

高级联邦官员是对事故管理的某些方面担负主要法定责任的联邦部门、机构的官员代表。高级联邦官员将协同首席联邦官员、联邦协调官、高级联邦执法官以及联合战地办事处协调小组的其他成员运用现有的权力、技术专长以及能力。

（6）州协调官

州协调官负责管理州的事故管理活动，是与联邦协调官相对应的地区官员。另一个重要的官员是州长授权代表。联合战地办事处协调小组也可以包括对事件管理拥有主要法定权力的部族／当地区域代表。

（7）国防协调官

国防协调官是国防部在联合战地办事处中唯一的联系人（紧急支援职能－3“公共建设与工程”除外）。国防协调官的报告系统是通过北方司令部的，负责对联邦协调官作出回应。国防协调官负责批准来自联邦协调官或其代表的所有国防部支援请求。

国家响应框架按照最有可能被州官员提出请求的能力与资源将应急响应编为 15 个紧急支援职能。紧急支援职能是在灾难或紧急情况期间联邦政府提供援助的主要手段，具体如表 5–1 所示。另外，该表还列出了协调或主要机构。有些部门与机构在事件的早期响应阶段参与较多，而有些则在恢复阶段所起的作用更为突出。与恢复阶段相比，国防部在响应阶段表现更为积极。

（1）在紧急情况期间，将基于事件的性质与范围以及所需联邦资源的层级来启动一些或全部紧急支援职能。

（2）国防部是紧急支援职能－3（公共建设与工程）的主要协调机构，由美国陆军工兵部队担任国防部牵头部门。国防部被视为所有紧急支援职能的支援机构。

三、紧急支援职能 –3（公共建设与工程）

美国陆军工兵部队长期以来依据公共法律 84–99 在洪水控制、水质、灾害减缓方面提供民事支援，因而顺理成章地成为了紧急支援职能 –3（公共建设与工程）的主要机构。美国陆军工兵部队的办事处散布于各地，因而能够为针对几乎任何区域发生的灾害进行及时响应提供便利。美国陆军工兵部队按照分水岭流域划分成若干个地区，而这些地区又根据较小的流域细分成不同的分区。人员也被指派至各个分区中的野外办事处中。在灾害期间，美国陆军工兵部队人员将迅速动员，以便在响应以及恢复阶段提供援助。

美国陆军各个工兵部队地区以及分区都设有一位应急行动负责人，而每个办事处则基于自己区域内独特的灾害制订计划，与相关机构进行协调，并确定响应小组，以便在国家响应框架内支援指派的任务。依据紧急支援职能－3，由美国陆军工兵部队提供援助的类型包括：技术建议与评估报告、工程服务、施工管理与检查、应急合同签订、废水与固体垃圾处理设施紧急修理、不动产支援。紧急支援职能－3的活动包括：清理碎片杂物、恢复重要公共机构与设施（包括供应充足的办公室与饮用水）、临时恢复水供给系统、技术援助、评估建筑物的结构以及评估损毁情况。依据法律，美国陆军工兵部队的援助仅限于保护生命以及保护住宅与商业地产（包括提供公共服务的公共与私人设施）。并无授权为个人业主与工商企业（包括农业企业）提供专门援助。然而，在极端干旱时，可为农民与农场主提供上述援助。

表5–1　联邦响应计划紧急支援职能

职能分类	职责	紧急支援职能协调者
紧急支援职能1：运输	提供民事与军事运输支持	运输部
紧急支援职能 2：通信	提供远距通信支持	国土安全部、全国通信系统
紧急支援职能 3：公共建设与工程	恢复重要的公共机构与设施	国防部、美国陆军工兵部队
紧急支援职能 4：消防	发现并扑灭野地、农村与城市火灾	农业部、美国森林管理局
紧急支援职能 5：应急管理	支持联邦总体的国内应急管理活动	国土安全部、美国应急事务处理局
紧急支援职能 6：公众照料、应急援助、住房与公共服务	为受灾人员管理并协调食物、避难所与急救；大批配送救灾物资；运作协助家人重聚的一个系统	国土安全部、美国应急事务处理局

续表5-1 联邦响应计划紧急支援职能

职能分类	职责	紧急支援职能协调者
紧急支援职能 7：后勤管理与资源支持	在响应期间为联邦机构提供装备、材料、补给与人员	总务管理局、国土安全部、美国应急事务处理局
紧急支援职能 8：公共卫生与医疗服务	为公共卫生与医疗需求提供援助	卫生与公众服务部
紧急支援职能 9：搜寻与救援	发现并救出困于坍塌建筑中的受灾人员，并为他们提供初始医疗护理	国土安全部、美国应急事务处理局
紧急支援职能 10：油料与危险材料响应	支持联邦针对现实或可能的燃油与危险材料泄漏的响应工作	环境保护局
紧急支援职能 11：农业与自然资源	提供营养协助，保证食品安全与稳定，控制并根除动物疾病与植物病虫害	农业部
紧急支援职能 12：能源	恢复电力系统与燃料供应	能源部
紧急支援职能 13：公共安全与治安	提供非调查性／非刑事性的执法、安全与治安能力	司法部
紧急支援职能 14：长期社区恢复	为联邦支持提供一个框架，以便使社区能够从具有国家意义的事件的长期影响中恢复过来	国土安全部、美国应急事务处理局
紧急支援职能 15：外部事务	提供公共事务、社区关系、国会事务、州与当地方面的协调。	国土安全部、美国应急事务处理局

联邦应急事务处理局的地区办事处负责维持事故管理协助小组并为通知与部署制定适当的程序。事故管理协助小组的工作人员来自联邦应急事务处理局与其他机构，负责向野外的地区响应活动提供行政、后勤与作战支援。事故管理协助小组很可能是抵达灾区的第一个联邦响应分队，可以成为联合战地办事处的核心。其也为向媒体、国会以及公众发布信息提供支援。

支援事件管理与国内响应以及恢复的其他联邦特别小组还有很多，包括：飓风联络小组、机动应急响应支援小组、国土安全部态势感知小组、损毁评估小组、联邦事故反应支援小组、核事故反应小组、救灾医疗援助小组、卫生与公众服务部应急反应小组、美国劳工部／美国职业安全与卫生管理局专门反应小组、兽医医疗援助小组、灾难丧葬作业响应小组、全国医疗反应小组、科技顾问与反应小组、捐赠协调小组、城市搜救专门工作组、联邦第一类与第二类事故管理小组、国内应急支援小组、国内动物与野生动物应急响应小组以及减灾评估小组。

四、国防部面向民政当局的国防支援的结构

国防部部长可以将民政当局提出的支援请求的批准权委托给执行代理，也就是负责国土防御与美国安全事务的助理国防部部长。国防部部长保留民事骚乱支援，放射、核、生物、化学与爆炸物事件响应以及具有潜在致命性情形的批准权。

（1）负责国土防御与美国安全事务的助理国防部部长是国防部的国内危机负责人，也是本土安全活动的执行代理，同时接受负责政策的国防部副部长的指挥、指导与控制。就面向民政当局的国防支援事务而言，负责国土防御与美国安全事务的助理国防部部长担任国防部协调工作的主要跨机构联系人，并协助国防部部长通过参谋长联席会议主席提供国防部政策指导与监督。

（2）负责特种作战和低强度冲突的助理国防部部长是国防部部长与负责政策的国防部副部长在特种作战以及为联邦调查局事务提供危机管

理支援方面的首席顾问，同时为国防部国内危机负责人的计划制订工作提供支持，以便能够随时利用美国反恐部队来应对恐怖事件。

(3) 负责保健事务的助理国防部部长为与保健或医疗相关的、面向民政当局提供国防支援的国内危机状况或紧急事件（包括涉及全国灾难医疗系统的状况）提供建议、指导以及支援。

(4) 主管后备役事务的助理国防部部长负责制定国防部政策，并监督后备役组成部队在国内应急条件下的参与情况。

(5) 联合参谋部联合军事支援处处长是国防部的行动官。联合军事支援处负责传达与协调政策指导，同时负责执行面向民政当局的国防支援任务。联合军事支援处负责进行规划，并制定用于分配国防部资源的预先与执行命令。

作战司令部是国防部的首席规划机构以及联合指挥计划中指定的地理区域的支援组织。作战司令部批准自己责任区内的军事援助请求，并提供面向民政当局的国防支援。总共有两个作战司令部的责任区在美国本土。

(1) 美国北方司令部负责在美国大陆、阿拉斯加以及领海范围内规划、组织并执行国土防御的所有方面的事务，同时执行民事支援任务或面向民政当局的国防支援任务。2008 年 12 月 17 日发布的联合指挥计划也将波多黎各以及美属维尔京群岛重新划入了北方司令部的责任区。北方司令部拥有的常备所属部队很少，但是对执行总统或国防部部长指定的任务时所需的部队拥有作战指挥权。选定的北方司令部下属司令部如下：

①北方司令部陆军部队（第五集团军）位于得克萨斯州山姆休斯顿堡（Fort Sam Houston），为北方司令部提供一个专用的陆军组成部队司令部，负责国土防御与民事支援。北方司令部陆军部队是一个由多支组成部队构成的组织（包括现役、国民警卫队以及后备役），于 2008 年也成为一个常设联合部队地面组成部队司令部。

②北方司令部陆军部队拥有 10 位常务国防协调官。在未部署时，这些陆军上校会被指派给北方司令部陆军部队，并在 10 个联邦应急事务处

理局地区的每个地区中执行任务。最近又指派了第 11 位国防协调官到夏威夷，以便支援美国太平洋司令部。

③国防协调分队。国防协调分队由军事以及文职人员组成，作为国防协调官的参谋机构进行运作。各位应急战备联络官（下文将阐述）被编入一个国防联络分队，该分队一旦因灾害或紧急情况得到启动之后，就会被整合进联合战地办事处的国防协调分队之中。政府问责局的评论已经指出：当前，国防协调官、国防协调分队以及国防联络分队（在应急战备联络官这一节中进行阐述）之间关系存在效率低下的问题。虽然现在还不能确定“良好的政治策略”会不会带来旨在实现变革的“良好的政策”，然而已经出现了一些提议，建议将该参谋组织改组成一个整合了国防协调分队与国防联络分队的国防规划与协调单位，即“联合特遣部队——民事支援”。国防规划与协调单位将遵守事故指挥系统的规定。“联合特遣部队—民事支援”隶属于北方司令部陆军部队，是一支常设联合特遣部队，任务是规划并整合国防部的国内放射、核、生物、化学与爆炸物后果管理支援工作。在部署之后，“联合特遣部队—民事支援”会在事故地点确定对所属国防部部队的任务指挥权，并提供面向民政当局的国防支援。

④“联合特遣部队—北方”隶属于北方司令部陆军部队，是一支常设联合特遣部队，任务是在通往美国本土的通道中发现并监视疑似毒品与跨国威胁，同时为打击这些威胁提供支援。“联合特遣部队—北方”负责融合与发布情报，协调提供给主要联邦机构的支援，并支援安全合作方案以便提高地区安全性。

（2）经改组的化学、生物、放射、核与高爆炸药后果管理反应部队是一个联合的多组件组织，负责提供一支拥有大约 5 200 名联邦军人的放射、核、生物、化学与爆炸物反应部队，以增援国民警卫队的 10 支地区国土反应部队。在本书的现有版本出版时，有可能会出现两个额外的化学、生物、辐射、核与高爆炸药后果管理反应部队任务指挥司令部，每个拥有约 1 200 名人员。

(3)“联合部队司令部　国家首都地区”直属于美国北方司令部，任务是在国家首都地区规划、协调并保持态势感知能力，同时按指示运用部队，以保护美国首都。

(4)“常设联合部队总部－北方”是嵌入北方司令部司令的参谋机构中的一个常设联合部队总部分队，能够提供一支按特定方式完成训练、装备与组织的指挥与控制部队，以执行规划并发展态势感知能力。“常设联合部队总部－北方”可以在通知时间很短的情况下进行部署，并迅速组建联合特遣部队司令部。

(5)美国太平洋司令部有责任向夏威夷以及自己的指定责任区内的美国领地、属地与自由托管邦提供面向民政当局的国防支援。

每个州、领地与联邦应急事务处理局都拥有来自于空军、陆军、海军与海军陆战队指派的后备队军官，这些军官在救灾准备与军事支援事务方面受过训练。在全国范围内，总共指派了超过 425 名应急战备联络官、地区应急战备联络官、州应急战备联络官或总部应急战备联络官。他们对自己的指派区域内的服务设施与能力有着全面的了解。应急战备联络官负责协助确定在州、领地或地区内拥有哪些国防部资源。在得到任命之后，应急战备联络官可以对国防协调官行使作战控制／战术控制权。但遗憾的是，各军种与其他利益相关者尚未就应急战备联络官与国防协调官的应有关系达成一致意见，所以这种关系在各个联邦应急事务处理局中有所不同。陆军与空军已经将它们的应急战备联络官分别交给了北方司令部陆军部队与北方司令部空军部队进行管理。在撰写本文时，海军与海军陆战队的应急战备联络官仍然由自己的军种进行管理，而海岸警卫队的应急战备联络官则由海岸警卫队司令部管理。国防部指令 3025.16 负责指导应急战备联络官计划。

第四节 | 国防支援程序

本节阐述适用于所有种类的面向民政当局的国防支援的通用程序，后续各节将简要地阐述各个种类的独特性。

一、规划考量

第 22–5 段阐述了国防部关于面向民政当局的国防支援的一些基本原则，这些原则成为规划与执行面向民政当局的国防支援任务的基础。另外还有一些如下所述：

处于州现役状态的国民警卫队部队担负着在紧急事件中向州以及地方当局提供军事援助的责任。在面向民政当局的国防支援的规划与执行过程之中，必须与国民警卫队建立密切而连续的协调关系，以确保实现统一的努力。

后备役部队在应急战备联络官计划之外也拥有广泛的能力。陆军后备队人员可以在自愿的情况下被用于应对民事紧急事件，被命令进入现役开展年度训练，或者在总统宣布进入全国紧急状态之后被要求转入现役。根据《美国法典》第 10 卷第 12304 节，不得强制命令后备役部队转入现役以应对国内紧急情况，除非是经过授权来应对大规模杀伤性武器事件。尽管有几次人们试图改变这一法定约束，但是在本书出版时，仍然未作出改变。

在协助民事机构确保基本的安全与治安方面，军事支援的持续时间通常都比较短，一般不会超过 30 天。

面向民政当局的国防支援的终止以及国防部资源的撤离是一个敏感的话题，需要从一开始就进行规划。

部队运用规则在国内行动中所起的作用与交战规则在海外所起的作用基本相同。参谋长联席会议主席指令 3121.01B 中提供了长期的部队运用规则。这些部队运用规则并不适用于处于州状态的国民警卫队部队。

禁止运用军事情报资产从事针对美国公民的情报收集活动，例外情况非常少，且在法律与行政命令 12333 中有明确的规定。虽然有法律条款允许利用国防情报收集资源来支持国内事故管理，面向民政当局的国防支援的规划人员需要对这些资源的利用方面的法定限制特别敏感。

国防规划与协调是一个拟议概念，旨在将现有的国防部面向民政当局的国防支援的规划与联络资产当作一个有效的机制，以便为州以及联邦的灾害规划与协调提供支持。有些读者可能比较熟悉紧急事务战备特遣部队，该部队是由国防部与国土安全部共同赞助的一个模型。紧急事务战备特遣部队模型已经终止了，但是国防规划与协调将能够填补这一缺口。

二、面向民政当局的国防支援的请求与批准程序

通常由一个主要联邦机构发起国防支援请求，并将该请求提交给国防部执行干事。执行干事对请求进行评估，同时将其发送给负责国土防御与美国安全事务的助理国防部部长以及联合参谋部联合军事支援处。按照文官控制这一原则，由执行代理（国防部部长办公室）批准命令，同时由行动官（联合参谋部）与相关作战司令部进行协调，并准备、处理相关命令。一旦执行代理批准该命令，则由联合军事支援处发布一份执行命令，指示受支援作战司令部指挥官执行面向民政当局的国防支援。图 5–4 阐述了国防部援助的初始请求的批准程序。

请求的审查与确认：在处理一份国防部支援请求之前，先要考虑响应的作战、法律与政策方面的问题。作战审查能够确保提供支援不会过度影响作战战备，法律审查能够确保国防部支援符合法规并得到相关当局的批准。政策审查能够确保此类支援能够符合国防部的最佳利益。为了协助决策制定者，国防部政策确定了 6 项标准，每个支援请求都会对

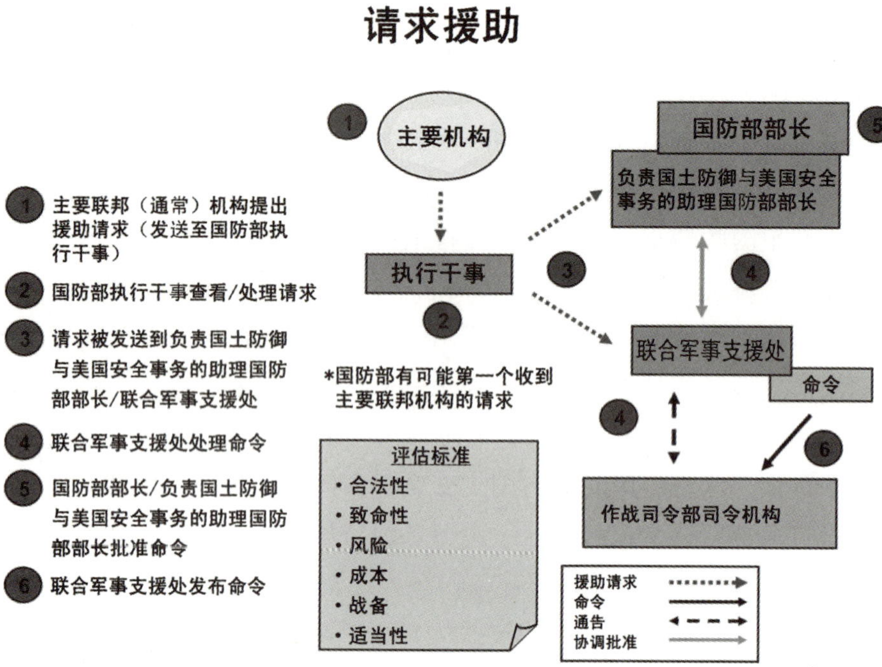

图5–4　国防部援助初始请求

照这些标准得到评估，这些标准分别是：合法性（遵循法律）、致命性（国防部的部队有可能成为致命力量的使用者或目标）、风险（国防部部队的安全）、成本、适当性（包括在请求被拒绝的情况下对影响进行考量）以及战备。这 6 项标准被用来审查所有层级的援助请求，这些请求由部署在战地的国防协调官提交给联合军事支援处以及五角大楼的负责国土防御与美国安全事务的助理国防部部长。

一旦初始请求得到批准且国防协调官得到部署之后，国防部援助请求将通过国防协调官进行处理。如果当地以及州资源（包括通过互助协议与合同能够获得到资源）不足，那么州协调军官将递交一份援助请求给联邦应急事务处理局的联邦协调官。联邦协调官将验证该请求，并询问联合战地办事处紧急支援职能，以便确定是否能够提供支援。如果不能，他可以将请求递交给国防协调官。如果国防协调官验证了该请求，而且能够利用已部署的能力来满足需求，那么就会如此执行。如果他验证了该请求，但是不能利用已部署的能力来满足需求，那么他将通过自己的报告渠道向北方司令部提交援助请求。而北方司令部又将该请求递交给联合军事支援处，以便进行处理与批准，程序与初始请求的相似。

三、立即响应

一些特殊的情况允许指挥官在未提出批准请求的情况下，针对超出地方当局能力的迫切而严重的情形作出立即响应。本地指挥官可以自主地响应援助请求，以便挽救生命，防止人民受苦，并减小财产损失。响应开始之后，指挥官必须尽快（不得少于 3 小时）通过指挥渠道通知国防部执行代理。此通知并非寻求批准的请求。相关的花费应该记录下来，以便以后获得偿付。立即响应的持续时间通常较短，国防部政策提议不得大于 72 小时，如果其后仍需继续请求支援，那么应该获得正式批准。

四、应急权

应急权在国防部文档 3025.18 中有所规定。在特别紧急的情况下，不可能预先获得总统的授权，且合法组建的地方当局无法控制态势，那么联邦军事指挥官有权临时参与一些必要的活动，以便平息意外的大规模民事骚乱。这些活动是防止重大生命损失或肆意的财产破坏时必须执行的，且是恢复政府职能或公共秩序所必需的。引发应急权的行使的其他情形是：合法组建的联邦、州或地方当局无法有效地保护联邦财产或联邦政府的职能。

五、媒体考量

在执行面向民政当局的国防支援行动期间，新闻媒体提供宝贵的服务，这种服务能够使响应机构与公众都受益。在考虑哪些信息可以且应该披露给媒体时，领导层应该考虑以下事项：给公众提供准确而及时的信息的必要性、信息的敏感性、引发公众恐慌的可能性、在受灾地区建立信心与希望，以及更正由谣言及歪曲的报道引起的虚假信息。领导层应该努力确保媒体尽可能获得完整而准确的信息，同时确保媒体的活动不会对公共安全产生不利影响或危害响应活动。

一般来说，成立联合信息中心是为了与媒体打交道。虽然国防部通常会推出自己的代表，但是在可能时，符合国家利益的做法通常是安排当地或州发言人来接触媒体，而不是联邦（包括现役军事）发言人。

针对大规模事件，国防部将发布适用于所有参与的国防部组织的公共事务指导。该指导将列出与媒体互动时的所有限制以及政策。通常有两个共同主题会被提及：民政当局处于主导地位，军队在需要时支援国家。

第五节 | 面向民政当局的国防支援任务的种类：灾难与已宣布的紧急事件

一、国防部国家响应框架响应程序

当灾难发生且当地以及州资源不足时，总统便通过灾难宣布的方式来调用《斯塔福德法案》，以此发放救灾基金资金。虽然国防部在宣布之前会执行一些行动，通常会承担有关偿付问题的风险，但是国防部正式参与救灾是在宣布之后。联邦应急事务处理局如何请求国防部支援已经在上文中进行了阐述。

国防协调官将启动国防协调分队并将其部署至联合战地办事处，以协调国防部的救灾支援。国防协调官在部署到受灾地点之后，州以及地区应急战备联络官便为国防协调官效力，并与国防协调分队驻扎于同一地点。指定的联邦部队负责响应经国防协调官确认的支援任务分配。如果没有组建联合特遣部队，那么被部署来支援救灾工作的所有国防部人员（更不用说紧急支援职能－3的人员）的作战控制权都由国防协调官来行使。如上文所述，国防协调官将接收来自联邦协调官的援助请求。

分级的任务指挥选项。基于紧急情况或灾难的种类与规模，北方司令部将确定一种以灵活的分级结构为基础的任务指挥关系。

（1）小规模的事件可以由国防协调官及其国防协调分队与应急战备联络官来处理。

（2）中等规模的事件需要部署一个任务指挥司令部，比如“联合特遣部队—民事支援”或北方司令部陆军部队的两个作战指挥所中的一个。

虽然存在例外，但是中等规模的联合特遣部队一般会由一位两星将官来指挥。国家响应框架规定，如果成立了联合特遣部队，那么其任务指挥分队将与联合战地办事处的首席联邦官员驻扎在同一个地点，以确保能够进行协调并实现统一的努力。

(3) 大规模事件通常运用多支联合特遣部队，需要一支重要的联合特遣部队或一个职能组成部队司令部。虽然存在例外，但这些司令部一般会由一位三星将官来指挥。

(4) 任何层级的司令部都可以受到专门技术小组的支援，比如“联合特遣部队—民事支援”的联合规划支援小组。

双重状态指挥选项。能够促进国民警卫队与联邦部队之间统一努力的一个任务指挥选项是双重状态指挥，在该指挥模式中，联合特遣部队司令既以《美国法典》第10卷中的规定来指挥联邦部队，同时又以《美国法典》第32卷中的规定来指挥州国民警卫队部队。只有指挥官（而非其参谋人员）保持双重状态，而指挥官的下属部队则保留自己的联邦以及州指挥系统。双重状态指挥官必须以互不兼容的方式来行使自己的权力，通常需要遵循不同的法律与政策。必须由州长与总统一起签署一份协议备忘录，虽然理应由国防部部长办公室请求总统将常务委任权委托给国防部部长，以便批准／任命双重状态指挥官。近来的经验表明，如果在事件中有足够的时间来进行预先协调并制定协议备忘录，那么双重状态的指挥与控制结构将最为有效。任何一方都可以随时终止协议。《美国法典》第32卷第315条允许国民警卫队军官指挥联邦部队，如果一位州长愿意在州国民警卫队中对该军官进行委任，那么上述条款就能授权一位现役指挥官担负双重状态指挥任务。

支援作战司令部指挥官将指定一处基地支援设施，通常会为每次灾难指定最少一处。基地支援设施是一处军事设施，任务是为国防部的部队提供联合行政与后勤支援。选择该军事设施时基于以下条件：与行动在地理上接近，便于与地区规划官进行 协调工作。

二、提高国防部的事件响应能力

卡特里娜飓风过后，国防部认识到，需要在严重或灾难性的事件中迅速地作出响应，同时还需要尊重主管部门以及当选官员的政治责任。国防部与北方司令部采取了几个具体的措施来提高针对民事需求的响应能力：

长期执行命令使得作战司令部指挥官能够在支援主要联邦机构方面更迅速地进行响应。长期执行命令有针对非恐怖袭击的自然或人为灾难的，也有专门针对放射、核、生物、化学与爆炸物事件的。

预先安排的任务委派将协助确保能够尽可能迅速地提供支援。预先安排的任务委派是“填空”式的模板，规划了国防部最有可能接到请求的一些能力。

部队请求：部队请求是常规的援助请求程序的一个例外，由北方司令部授权国防协调官运用部队请求程序，以便更迅速地应对预期需求。部队请求还包括一份成本估算报告，以便预估偿付费用。

与北方司令部的面向民政当局的国防支援相关的一些（并非全部）计划包括：概念计划 2501（面向民政当局的国防支援）、职能计划 2505（核武器事故响应计划）、概念计划 2591（流感）、概念计划 0500–02（放射、核、生物、化学与爆炸物后果管理）、概念计划 2707（加勒比大规模移民）、概念计划 2502（民事骚乱行动）、概念计划 2400（国家首都地区的应急战备）。

联合出版物 3–28（民事支援）为指挥官与参谋人员提供了重要条令，用于指导他们执行民事支援行动。它规定了 5 个可以同时执行的阶段：第 1 阶段——塑造、第 2 阶段——集结、第 3 阶段——部署、第 4 阶段——民事支援行动、第 5 阶段——过渡（与重新部署）。

三、放射、核、生物、化学与爆炸物响应工作独特的考虑因素

放射、核、生物、化学与爆炸物与大规模杀伤性武器的关系：放射、核、生物、化学与爆炸物的定义是包括工业事故、自然灾害、战争或恐怖主义在内的化学、生物、放射、核或高爆炸药局面或事件。大规模杀伤性武器是一种放射、核、生物、化学与爆炸物装置，旨在造成伤亡或恐怖。最有可能的放射、核、生物、化学与爆炸物威胁是高爆炸药，最危险的是核武器。最大的威胁（就最具可能性与危险性而言）是传染性的生物病原体。

放射、核、生物、化学与爆炸物规划考虑因素：放射、核、生物、化学与爆炸物规划独特的考虑因素包括一个事实，即只有出现大量伤亡时，事件才可以被认定为放射、核、生物、化学与爆炸物事件。一旦确定为放射、核、生物、化学与爆炸物事件，那么事故地点可能会被当作犯罪现场。响应人员成为伤亡人员的风险将会更高，且事故可能会沾染区域内的重要设施与基础设施。由于有可能会引起恐惧与恐慌，所以必须对公众反应进行管理。规划人员必须预见到大量的伤亡与丧葬事务支援。除了预见到州与当地的能力会被透支之外，规划人员必须做好应对多处袭击的准备。值得注意的是，在用于战备活动与演练的 15 种国土安全部国家规划情景想定中，有 12 种为放射、核、生物、化学与爆炸物事件。

州国民警卫队放射、核、生物、化学与爆炸物结构：1998 年 10 月，为了提高国家处理放射、核、生物、化学与爆炸物后果管理事务的能力，国会对首批 10 个国民警卫队快速评估与最初探测小组进行了授权与拨款，这些小组于 2000 年 1 月被国防部部长重新命名为大规模杀伤性武器—民事支援小组。

（1）大规模杀伤性武器—民事支援小组。该小组由《美国法典》第 32 卷中规定的国民警卫队专家组成，在各个职能领域中接受过跨学科的精良训练。他们的任务是进行部署，评估状况，为当地、州与联邦响应分队提供建议，并为制定良好的公共安全决策提供便利。民事支援小组

是独特的，因为其是经国会授权在美国本土执行放射、核、生物、化学与爆炸物响应任务的为数不多的国防部单位。民事支援小组是一种国家资源，可以越过州界为另一个州提供支援。

（2）化学、生物、辐射、核与高爆炸药强化反应组合部队。根据设计，12 个国民警卫队化学、生物、辐射、核与高爆炸药强化反应组合部队小组能在 96 小时内迅速地实现部署，负责提供地区响应能力，以增援民事支援小组。它们能够从放射、核、生物、化学与爆炸物事件地点找到并救出受害者，并执行大规模伤亡净化、医疗验伤与稳定工作。化学、生物、辐射、核与高爆炸药强化反应组合部队由现有单位人员混编而成。

（3）国土反应部队。因为我们已经明白，联邦化学、生物、辐射、核与高爆炸药后果管理反应部队在应对灾难性的放射、核、生物、化学与爆炸物事件时太过缓慢，所以提出了以国民警卫队资产组建地区响应部队的想法。10 支国土反应部队（每个联邦应急事务处理局地区设置一支）将大约拥有 566 名人员，进行化学、生物、辐射与核评估，搜寻／救出，净化，应急医疗，安全以及指挥与控制。

虽然详细地阐述联邦放射、核、生物、化学与爆炸物响应资产不是本章的研究范围，但是读者应该知道联邦在这方面拥有很强的能力，同时应该明白国防部可能遇到或支援的相关组织的角色与任务。在讲述国防部能力的章节之前，我们列出了这些资源，以便强化一个想法，即只有在需求超出了所有层级的政府的民事资源总量之后，才会使用国防资源。

（1）能源部核应急支援小组负责为涉及核或放射装置的未解决的事件提供专业的响应支持。其能力包括：搜寻与确认核材料，诊断与评估疑似核装置，以及开展技术行动以便在提供安全的程序、打包装置并运送到最终的处理场所方面提供支援。

（2）环境保护局环境反应小组与辐射紧急反应小组负责处理恐怖袭击引发的人体健康以及环境影响方面的问题。环境保护局的研究实验室为空气、水、废水以及固体垃圾的品质保证提供实地监测与技术支持。

其中有些实验室能够将流动单位部署至受污染地点。

（3）联邦调查局危险材料反应部队对核生化制剂有专业的抽样、探测与确认能力。证据响应小组负责记录犯罪现场并收集证据，以便为刑事调查提供支持。

（4）美国海岸警卫队全国突击部队按照特定的方式进行训练与装备，以协助应对大规模的油料或危险材料泄漏事故（特别是海上的事故）。

（5）卫生与公众服务部协调应对大规模杀伤性武器的全国医疗反应小组，这些小组处理涉及放射、核、生物、化学与爆炸物事件引发的医疗事务。另外，卫生与公众服务疾病防控中心在涉及传染源的恐怖主义事件中担负有特别的职责。

国防部有许多组织能够协助应对放射、核、生物、化学与爆炸物事件。

（1）国防威胁降低局旨在保护美国及其盟国免受大规模杀伤性武器（放射、核、生物、化学与爆炸物）的危害，方法是提供能力来减少、消除与打击威胁并减轻危害的程度。

（2）联合特遣部队—民事支援，已在前文中阐述过。

（3）美国海军陆战队生化事故反应部队负责应对放射、核、生物、化学与爆炸物事件，协助当地、州或联邦机构以及指定的作战司令部指挥官开展后果管理行动。生化事故反应部队的能力包括：制剂探测与确认、伤亡人员搜寻与援救、人员净化以及应急医疗护理（旨在稳定受沾染的受害者）。

（4）经改组的化学、生物、辐射、核与高爆炸药后果管理反应部队在之前的章节中讲述过。

（5）美国陆军第 20 支援司令部（放射、核、生物、化学与爆炸物）负责整合、协调、部署并提供训练良好且准备就绪的部队。其也做好了为放射、核、生物、化学与爆炸物行动提供任务指挥的准备。第 20 支援司令部为包括第 22 化学营（技术护送分队）与第 52 军械大队在内的陆军放射、核、生物、化学与爆炸物资产（现役、国民警卫队与后备队）提供训练与战备监督。技术护送分队能够在没有预先通知的情况下对与生化材料相关的危险源进行实地抽样、确认与验证、监测、拆卸、恢复、净化、护送并减轻危害。

（6）各军种还有各种其他放射、核、生物、化学与爆炸物资产，数量众多，无法细述。所有军种都有爆炸物处理单位；陆军有化学旅、营以及连；陆军也有生物合成探测系统连。陆军的许多能力是由陆军后备队掌握的。埃基伍德（Edgewood）生化中心是生化防务技术的主要研发中心。

（7）美国陆军医务司令部也提供各种放射、核、生物、化学与爆炸物支持。美国防化医学研究所与美国传染病医学研究所不仅开展研究，而且提供一些小组，以便在事件的医疗事务方面提供建议与协助。美国陆军医务司令部也提供特别医疗支援反应小组，提供应急医疗响应服务以及各种其他相关服务，进而为应对恐怖袭击提供支援。这些小组也可以应对非放射、核、生物、化学与爆炸物的自然灾难。

第六节 | 面向民政当局的国防支援任务种类：恢复公共健康与服务以及社会秩序

一、对执法的支援

运用军队在美国国内执行美国法律是一个相当敏感的话题，且面临一些限制。如果是武装部队且执行了执法活动，那么必须遵守部队运用总体规则，除非国防部部长已经核准了特定任务的部队运用规则。

（1）1878 年地方保安队法、后续修正案以及政策决策禁止运用联邦军队（包括后备队部队）履行国内警察职能。因此，1878 年地方保安队法限制了国防部可以向国内执法组织提供支援的种类。

（2）对于 1878 年地方保安队法而言，实际上有各种类型的例外。我们在美国陆军军事学院这样教导学生：法律赋予总统在国内运用国防部部队所需的所有权力，虽然有可能因为一些政治后果而阻止了部队的此类运用。1878 年地方保安队法本身为总统的宪法第二条权力制定了规定。该法案不适用于州状态的国民警卫队，也不适用于美国海岸警卫队。另外还有各种法定例外，比如保护核材料法案（《美国法典》第 18 卷第 831 条）、生化恐怖主义（《美国法典》第 10 卷第 382 条）以及情报局援助（《美国法典》第 10 卷第 3056 条）。最有名的法定例外是主要针对民事骚乱的反暴动法案（《美国法典》第 10 卷第 331—334 条）。

宪法以及《美国法典》第 10 卷第 331—334 条授权总统开展行动来镇压暴动、叛乱以及国内暴力活动。在发布制止令之后，总统便发布一份执行命令，指示司法部长以及国防部部长采取适当的措施，以驱散暴动者并恢复法律与秩序。然后由司法部长负责协调针对国内民事骚乱的联邦响应工作。《地方保安队法案》的限制就不再适用于按照国防部法律总顾问以及司法部长批准的部队运用规则。

（11）美国北方司令部概念计划 2502（民事骚乱行动）是在民事骚乱期间支援州以及地方当局的计划。该计划是处理任何民事骚乱行动的基础，并且对大多数的活动以及指挥关系提出了规范。由军队执行的任务包括：与执法官一起联合巡逻；控制重要的建筑物、纪念物、十字路口以及桥梁；以及充当快速反应部队。

（12）联合特遣部队司令将与司法部长高级文职人员代表一起协调所有的国防部支援（见图 5–5）。国防部通常会在司法部长的当地代表所在基地附近设立一个联合特遣部队司令部。

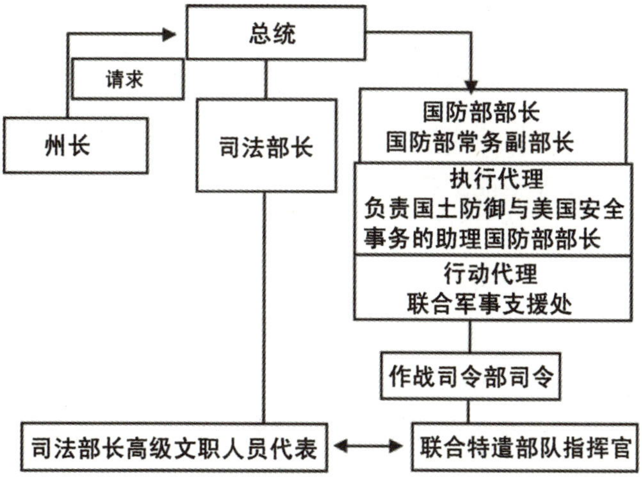

图5–5 民事骚乱支援任务指挥程序

打击恐怖主义主要是一项民事执法职能。司法部（确切地说是联邦调查局）承担着打击恐怖主义以及反恐的主要责任。这些责任包括采取相关措施来预见、预防与解决恐怖主义威胁。

（1）联邦调查局负责持续地评估恐怖分子活动的情报以及报告。当出现可信的威胁时，联邦调查局便负责瓦解威胁并防止袭击。如果出现事故，联邦调查局则负责消除任何现场威胁并开展刑事调查。联邦调查局主管特别专员负责监管事件现场的执法活动。联邦调查局将设立一个联合作战中心，以协调跨机构执法与调查工作。国家响应框架规定，联合作战中心应该与联合战地办事处位于同一地点。联邦调查局的其他行动可能包括部署一个国内应急支援小组，该小组是一个可部署的跨机构专门小组，负责向联邦调查局现场协调官提供建议。

（2）如有必要，联邦调查局可以请求专门的国防部支援力量。联邦调查局现场协调官负责向联邦调查局局长与司法部长报告。联邦调查局也负责将待决的请求告知负责特种作战和低强度冲突的助理国防部部长并详细地阐述事件。负责特种作战和低强度冲突的助理国防部部长向国防部部长提供建议，而司法部长则与国防部部长进行协商，一起讨论部署请求。之后他们又与总统沟通。总统必须核准有可能会促使国防部运用致命性的部队来支援执法的所有请求。

（3）总统批准国防部支援之后，国防部部长将亲自批准部署命令。通常由国防部提供一支联合特种作战特遣部队与具备独特能力的特别任务单位，比如那些能够控制大规模杀伤性武器的单位。联合特种作战特遣部队部署至现场，并与联邦调查局主管特别专员协调提议的行动。在适当时，联邦调查局会运用联合特种作战特遣部队来执行获总统批准的行动。

公法 97–86 于 1982 年通过，对《地方保安队法案》进行了修订，批准了间接的军事参与，比如禁毒与缉毒活动中的装备出借、人员支援、训练以及情报共享。

（1）与军事任务相比，间接支援必须处于次要地位，或能提供大体上相当的军事训练。此外，它不能影响作战战备或削弱国防部执行防务任务的能力。

（2）联邦、州以及当地执法机构提出在美国本土的国防部反毒品行动支援请求，并将这些请求递交给总部位于得克萨斯州布利斯堡（Fort Bliss）负责核准这些请求的联合特遣部队 – 北方。部队运用的批准程序由最高层级保有。面向药品法执行局的国防支援包括：地面侦察、探测监视、通信、航空侦察、执法机构人员反毒品相关训练、根除除草剂不可杀灭的大麻、语言支持、航空以及地面运输、情报分析、隧道探测、工程支援、维护支援以及其他。非作战支援包括：设施、军事院校正式训练机会、装备租借以及其他。

二、其他类型的面向民政当局的国防支援（公共健康与服务）

如果因罢工或灾难而干扰了邮政服务，可以要求国防部向美国邮政局提供支援，以便保护邮政程序并将邮件投递至服务受到影响的地区。

在出现紧急事件且需要控制并消除植物或动物疾病时，国防部将为美国农业部提供援助。

国防部医疗支援的对象通常是卫生与公众服务部，所使用的机制包括国家响应计划紧急支援职能－8（保健与医疗服务）与灾难性事件附件。近来也作出了重大的跨机构努力，目的是制订并执行具体的计划。紧急支援职能－8程序的一个重要方面是全国灾难医疗系统，该系统是一个公共与私人部门的合作系统，涉及国土安全部、卫生与公众服务部、国防部以及退伍军人事务部。全国灾难医疗系统提供一个全国性的医疗响应系统，以便在国内灾难与紧急事件期间补充州与当地医疗资源，并在海外冲突期间为国防部与退伍军人管理局医护系统提供后援医疗支持。

环境保护局与国土安全部　美国海岸警卫队负责处理油料与危险物质泄漏。

全国跨机构消防中心是美国农业部与内政部组建的一个联合机构，负责协调联邦针对山林大火的响应工作。国防部提供资源，以便压制、控制并扑灭土地上的野火。

大规模移民紧急事件会促使国防部为其他联邦机构提供支援（比如与安顿移民相关的设施与服务），而移民与归化局则负责解决一些行政需求，以便让移民能够进入美国。

第七节 | 面向民政当局的国防支援任务种类：特殊活动与计划内的定期支援

一、面向民政当局的国防支援任务种类：特殊活动

依据国土安全总统指令 –7，国土安全部长在与国土安全委员会协商之后，负责将活动定性为国家特别安全活动。具有全国性意义的特殊活动可以是政治、经济或国际体育活动。这些活动都是恐怖分子有利可图的目标。活动的参与人数可多可少，活动的地点也可大可小。当一项活动被定义为国家特别安全活动之后，情报局便承担起法定的角色，负责牵头安全规划与国防部支援。可投入部署的军事资产包括：爆炸物处理、技术护送部队小组以及防放射、核、生物、化学与爆炸物资产。如果在国家特别安全活动中发生了事故，联邦调查局便牵头执法与刑事调查工作，而联邦应急事务处理局则牵头响应与恢复工作。大多数活动不会被定义为国家特别安全活动，但是仍然可以接受国防部支援。

联合军事支援处负责规划、协调并监控面向其他特殊活动（由国土安全部特殊活动工作组分类）的经批准的国防部支援的执行情况。重要性较小的活动被指定为国土安全特别活动 1 至 4 级，其中 4 级为最低级。国防部将聚焦于与公共安全以及治安相关的支援，这些支援包括但不局限于人身安全、航空、后勤、通信、联合作战与指挥中心，以及爆炸军械处理支援。依据提供的支援的种类以及活动的性质，国防部为活动提供的支援可以是偿付性的，也可以是非偿付性的。

依据《美国法典》第 10 卷第 2554 条，国防部有权为国际体育竞赛活动提供支援，前提是司法部长证明支援对活动的安全与治安特别重要。国会已经创立了一项周转基金，以便支付面向国际体育竞赛的支援运作开支。

国防部还支持其他特殊活动（比如许多由州指定为特殊活动的那些活动），这些活动由处于州状态且由州长控制的国民警卫队部队提供支援。

二、面向民政当局的国防支援任务种类：计划内的定期支援

这一种类的支援能够强化民事、军事关系，具体包括：国防部实验室支援；专门、流动的训练计划；参与当地、州以及联邦应急管理演练；依据《美国法典》第 18 卷第 112 条向情报局提供的支援；在民间活动现场提供军乐队与纪念性低空飞行表演。它包括由负责公共事务的助理国防部部长主管的军事社区事务计划以及社区关系计划。

依据军事设施互助协议（《美国法典》第 42 编第 1856 条 a ～ c 款），军事设施指挥官有权与当地社区签订有限的互助协议，这些协议通常与火灾、应急医疗或危险材料的响应工作有关。我们应该注意到，虽然这些备忘录可以使我们更好地了解国防部可以提供哪些资源，但是并不能成为预先批准的支援内容。请求必须得到批准或依据诸如即时响应权之类的既定权提出请求。

安全与交通军事援助由国防部指令 4500.9 进行控制，该指令授权医疗直升机单位在当地资源不可得或不足以应对紧急事件时提供应急援助。依据该指令，单位不会得到偿付，不得跨地区提供服务，且必须在指定的训练时数计划内运作。

第八节 | 小结

美国有一项久经时间考验的传统，即由文官控制军队以及限制美国国内的军事活动。同时，美国需要军队提供支援，以应对国内的灾难以及恐怖主义活动或威胁。要想在上述宝贵的传统与这一需求之间达成一种平衡，则需要美国政府级别最高的一批文官进行批准。

军队既拥有熟练人员，又拥有设备，能够迅速而有效地作出反应，为相关民政当局提供支援。按照政策的规定，只有在联邦、州以及地方其他机构的能力或资源不足且危机仍未解决时，军事资源请求才会得到批准。

尽管面向民政当局的国防支援单位通常是执行与自己战时相关任务的军事单位，但是这些单位所执行的支援工作还是会削弱它们的作战任务能力，且通常会对战备产生不利影响。国防部领导必须非常明智地确定何时以何种方式来为民政当局提供支援，必须严格遵守批准与运用规则，且必须明白国防部资源在任何时候都应扮演支持角色。现有的当地、州以及国家响应系统提供了一个可靠的框架，国防部可以在该框架内提供支援。

军队将继续提供可靠且及时的面向民政当局的国防支援。此外，在平时灾难、国家安全紧急事件以及特殊活动期间，陆军在支援民政当局方面获得了丰富的经验，这种经验强化了国土安全，同时也使美国陆军处于国内灾难响应工作的最前沿。部队投送能力（旨在迅速而坚决地应对全球需求）也使军队能够对发生在美国本土及其领地与属地的国内事件作出迅速的响应。正确地使用军队来为民事需求提供支援，是对军队作战与力量投送能力的一种补充，同时也确保了美国人民能够从军事投入中获得最高的回报。

附录

术语表

A2MCD Assessments, Architecture, Mission Command Directorate	评估、架构与任务指挥处
A2SF Active Army Strength Forecaster	现役陆军兵力预测器
AAC Army Acquisition Corps	陆军采办队
AACMO Army Acquisition Corps Management Office	陆军采办队管理办公室
AAE Army Acquisition Executive	陆军采办执行官
AAFES Army and Air Force Exchange Service	陆空军贩卖服务事业处
AAMMP Active Army Military Manpower Program	现役陆军军事人力计划
AAO Army Acquisition Objective	陆军采办目标
AAR After Action Review	事后评估
AARTS Army/American Council on Education Registry Transcript System	陆军/美国教育注册记录系统委员会
AASA Administrative Assistant to the Secretary of the Army	陆军部长行政助理
AAWO Army Asymmetric Warfare Office	陆军非对称作战办公室
ABC Activity Based Costing	基于项目的成本计算法
ABCA American, British, Canadian, Australian and New Zealand Sustain Work Group	美国、英国、加拿大、澳大利亚与新西兰维持工作组
ABC-C Army Benefits Center-Civilian	陆军福利中心—文职人员
ABCS Army Battle Command System	陆军战斗指挥系统
ABEA Army business enterprise architecture	陆军业务企业架构
ABO Army Budget Office	陆军预算办公室
AC Advanced Course	高级课程
AC Active Component	现役组成部队
ACA Assimilative Crimes Act	《同化犯罪法》
ACAP Army Career and Alumni Program	陆军职业与校友计划
ACAT Army Acquisition Category	陆军采办种类
ACC Army Capstone Concept	陆军拱顶石概念
ACC Army Component Command	陆军组成部队司令部

ACC Army Community Covenant	陆军社区公约
ACE-IT Army Corps of Engineers Information Technology	陆军信息技术工程兵
ACES Army Continuing Education System	陆军继续教育制度
ACF Acquisition Career Field	采办职业领域
ACF Army Concept Framework	陆军概念框架
ACO Army Claims Office	陆军索赔办公室
ACOE Army Community of Excellence	陆军优秀社区
ACOM Army Command	陆军司令部
ACP Army Campaign Plan	陆军战役计划
ACP Army Cost Position	陆军成本实况
ACRB Army Cost Review Board	陆军成本审查委员会
AC/RC Active/Reserve Component	现役／后备役组成部队
ACS Advanced Civilian Schooling	文职人员高级教育
ACS Army Concept Strategy	陆军概念战略
ACSIM Assistant Chief of Staff for Installation Management	负责军事设施管理的助理参谋长
ACT II Advanced Concepts and Technology II	高级概念与技术 II
ACTD Advanced Concept Technology Demonstration	高级概念技术验证
ACTEDS Army Civilian Training, Education and Development System	陆军文职人员训练、教育与发展系统
ACWF Army Working Capital Funds	陆军运作资本基金
ADA Anti-deficiency Act	《反超支法》
ADCON Administrative Control	行政控制
ADL Active Duty List	现役名册
ADM Acquisition Decision Memorandum	采办决策备忘录
ADOS Active Duty for Operational Support	现役作战支援
ADR Alternative Dispute Resolution	替代性纠纷解决方式
ADS Authoritative Data Source (ADS)	权威数据来源

ADT Active Duty for Training	现役训练
ADTLP Army Doctrine and Training Literature Program	陆军条令与训练文献计划
AEA Army Enterprise Architecture	陆军企业架构
AEBD-CC Army Environmental database for Cleanup	陆军环境清理数据库
AEC Army Environmental Command	陆军环境司令部
AECA Arms Export Control Act	《武器出口控制法案》
AECS Army Environmental Cleanup Strategy	陆军环境清理战略
AE2S The Army Equipping Enterprise System	陆军装备企业化系统
AEF American Expeditionary Force	美国远征军
AEP Affirmative Employment Program	平权就业计划
AEP Army Experimentation Plan	陆军实验计划
ABCTMP Army Brigade Combat Team Modernization Program	陆军旅战斗队现代化计划
AEPI U.S. Army Environmental Policy Institute	陆军环境政策研究所
AER Academic Evaluation Report	学术评估报告
AETF Army Evaluation Task Force (TRADOC ARCIC)	陆军评估特别工作组
AESIP Army Enterprise System Integration Program	陆军企业系统整合计划
AFAMC Air Force Air Mobility Command	空军空中机动司令部
AFAP Army Family Action Plan (AFAP)	陆军家庭行动计划
AFARS Army Federal Acquisition Regulation Supplement	陆军联邦采办补充条例
AFC Army Functional Concepts	陆军职能概念
AFCS Active Federal Commissioned Service	联邦政府军官现役
AFHC Army Family Housing (Construction)	陆军家属住房（施工）
AFHO Army Family Housing (Operations)	陆军家属住房（运作）
AFM Army Flow Model	陆军流程模型

AFMIS Army Food Management Information System	陆军食品管理信息系统
AFPD Available Force Pool Date	部队池可用日期
AFR Agency Financial Report	政府机构财务报告
AFRP The Army Facility Reduction Program	陆军建筑与设备削减计划
AFRS Aviation Flight Records System	航空飞行记录系统
AFS Active Federal Service	联邦现役
AFSB Army Field Support Brigade	陆军野战支援旅
AFSBn Army Field Support Battalions	陆军野战支援营
AG-1 CP Assistant G-1 for Civilian Personnel	负责文职人员人事的助理副参谋长
AGR Active Guard and Reserve	现役警卫队与后备队
AGTS Advanced Gunnery Training System	高级射击训练系统
AHLTA Armed Forces Healthcare Longitudinal Technology Application	武装部队医疗保健纵向技术应用
AHRC Army Human Resources Command	陆军人力资源司令部
AHS U.S. Army Headquarters Services	陆军总部服务中心
AHS Army Health System	陆军卫生系统
AI Artificial Intelligence	人工智能
AIC Army Interoperability Certification	陆军互操作性认证
AICFB Army Interoperability Certified Fielded Baseline	陆军互操作性经认证实用基线
AIMT Army Installation Management Transformation	陆军军事设施管理转型
AIP Assignment Incentive Pay	指派任务奖金
AIS Automated Information Systems	自动化信息系统
AIT Advanced Individual Training	高级个人训练
AIT Automatic Identification Technologies	自动识别技术
AJ Administrative Judges	行政法官
AKEA Army Knowledge Enterprise Architecture	陆军知识企业架构

AKO Army Knowledge Online	陆军知识在线
ALMS Army Learning Management System	陆军学习管理系统
AMA Analysis of Materiel/non-materiel Approaches	装备/非装备方法分析
AMATS Aviation Maintenance Automated Tracking System	航空维修自动化跟踪系统
AMC Army Materiel Command	陆军装备司令部
AMC Air Mobility Command	空中机动司令部
AMCB Army and Marine Corps Board	陆军与海军陆战队委员会
AMCOM Aviation and Missile Command	航空与导弹司令部
AME Assigned Mission Equipment	指派任务装备
AMEDD Army Medical Department	陆军医务部
AMEDDC&S Army Medical Department Center and School	陆军医务部中心与学校
AMET Agency Mission-Essential Tasks	机构使命必需任务
AMET Assigned Mission Essential Task List	指派使命必需任务列表
AMHA Army Management Headquarters Activities	陆军管理总部活动
AMLE Army Medical Logistics Enterprise	陆军医疗后勤企业
AMM Assigned Mission Manning	指派任务人员配备
AMOPES Army Mobilization and Operations Planning and Execution System	陆军动员与作战规划与实施系统
AMS Army Management Structure	陆军管理结构
AMS Army Modernization Strategy	陆军现代化战略
AMT Army Modernization Training	陆军现代化训练
AMS Automated Manifest System	自动化公示系统
AMSC Army Management Staff College	陆军管理参谋学院
AMSC Army Medical Specialist Corps	陆军医疗专业队
AMSCO Army Management Structure Code	陆军管理结构代码
AMSP Advanced Military Studies Program	高级军事研究计划

AMT Army modernization training	陆军现代化训练
ANAD Anniston Army Depot	安尼斯顿陆军仓库
ANC Army Nurse Corps	陆军护士队
ANNPRO Annual Program	年度计划
ANSWER Applicant Notification System Web–Enabled Response	申请人通知系统网络响应
AOC Area of Concentration	集结区域
AOC Army Operations Center	陆军作战中心
AOC Army Operating Concept	陆军作战概念
AODC Action Officer Development Course	行动军官发展课程
AOI Area–of–Interest	影响区域
AOLCM Army Organizational Life Cycle Model	陆军组织结构寿命周期模型
AOR Area of Responsibility	责任区
AOS Army Organization Server	陆军组织结构服务器
AP3 Army Power Projection Program	陆军力量投送计划
APAOG U.S. Army Public Affairs Operations Group	陆军公共事务行动组
APB Acquisition Program Baseline	采办计划基线
APD Army Publishing Directorate	陆军出版局
APE Ammunition Peculiar Equipment	弹药专用设备
APE Army Program Elements	陆军计划要素
APEX Adaptive Planning and Execution System	自适应规划与执行系统
APF Appropriated Fund	拨款基金
APFT Army Physical Fitness Test	陆军体能测验
APGM Army Programming Guidance Memorandum	陆军计划指导备忘录
APIC Army Performance Improvement Criteria	陆军绩效改善标准
APPG Army Planning Priorities Guidance	陆军规划优先事项指导
APR Annual Performance Report	年度绩效报告
APRB AROC Process Review Board	陆军需求监督委员会程序审查委员会

APS Army Posture Statement	陆军国防态势报告
APS Army Pre-positioned Stocks	陆军预置库存
APUC Average Procurement Unit Cost	采购平均单位成本
ARB Army Resources Board	陆军资源委员会
AR2B Army Requirements and Resourcing Board	陆军需求与资源配备委员会
ARCIC Army Capabilities Integration Center	陆军能力整合中心
ArCP Army Capabilities Integration Center Campaign Plan	陆军能力整合中心战役计划
ARDEC Armament, Research, Development and Engineering Center	武器、研究、发展与工程中心
AREF Army Reserve Expeditionary Force	陆军后备队远征军
AREP Army Rotational Expeditionary Packages	陆军轮值远征组合部队
ARFORGEN Army Force Generation	陆军兵力生成
ARFPC Army Reserve Forces Policy Committee	陆军后备役部队政策委员会
ARMS Army Readiness Management System	陆军战备管理系统
ARNG Army National Guard	陆军国民警卫队
ARNORTH Army Forces North	北方司令部陆军部队
AROC Army Requirements Oversight Council	陆军需求监督委员会
ARPA Advanced Research Projects Agency	高级研究计划局
ARPRINT Army Program for Individual Training	陆军个人训练计划
ARRA American Recovery and Reconstruction Act	《美国复苏和重建法案》
ARSTAF Army Staff	陆军参谋部
ARSTRUC Army Structure	陆军结构
ARTEP Army Training and Evaluation Program	陆军训练与评估计划
AS Acquisition Strategy	采办战略
ASA(ALT) Assistant Secretary of the Army (Acquisition, Logistics, and Technology)	负责采办、后勤与技术的陆军助理部长
ASA(CW) Assistant Secretary of the Army (Civil Works)	负责土建工程的陆军助理部长

ASA(FM&C) Assistant Secretary of the Army (Financial Management and Comptroller)	负责财务管理与审计的陆军助理部长
ASA(I&E) Assistant Secretary of the Army (Installation and Environment)	负责设施与环境的陆军助理部长
ASA(M&RA) Assistant Secretary of the Army (Manpower and Reserve Affairs)	负责人力及后备役事务的陆军助理部长
ASARC Army Systems Acquisition Review Council	陆军系统采办审查委员会
ASAT Automated Systems Approach to Training	训练自动化系统方案
ASB Army Science Board	陆军科学委员会
ASC Acquisition Support Center	采办支持中心
ASC Army Sustainment Command	陆军维持司令部
ASCC Army Service Component Command	陆军军种组成部队司令部
ASD(HA) Assistant Secretary of Defense (Health Affairs)	负责保健事务的助理国防部部长
ASD(HD & ASA) Assistant Secretary of Defense for Homeland Defense and America’s Security Affairs	负责国土防御与美国安全事务的助理国防部部长
ASD(RA) Assistant Secretary of Defense for Reserve Affairs	主管后备役事务的助理国防部部长
ASD(SO/LIC) Assistant Secretary of Defense for Special Operations/Low Intensity Conflict	负责特种作战和低强度冲突的助理国防部部长
ASD(PA) Assistant Secretary of Defense (Public Affairs)	负责公共事务的助理国防部部长
ASI Additional Skill Identifier	额外技能识别码
ASIOEP Associated Support Items of Equipment and Personnel	相关支援设备与人员
ASIP Army Stationing and Installation Plan	陆军驻扎与设施计划
ASK Assignment Satisfaction Key	指派满意度密钥
ASL Authorized Stockage List	核定库存表
ASM Army Synchronization Meeting	陆军同步会议

ASORTS Army Status of Resources and Training System	陆军资源与训练状态系统
ASOS Army Support to Other Services	陆军对其他军种的支援
ASP ammunition supply point	弹药供应站
ASPB Army Strategic Planning Board	陆军战略规划委员会
ASPG Army Strategic Planning Guidance	陆军战略规划指导
AST Army Test and Evaluation Command System Team	陆军试验与鉴定司令部系统小组
ASTAG Army Science and Technology Advisory Group	陆军科技顾问组
ASTMP Army's Science and Technology Master Plan	陆军科技总计划
ASTWG Army Science and Technology Working Group	陆军科技工作组
ASVAB Armed Services Vocational Aptitude Battery	武装部队职业能力成套测验
ASV armored security vehicle	装甲安全车
A&TWF Acquisition and Technology Work Force	采办与技术工作人员
AT Annual Training	年度训练
AT Antiterrorism	反恐
ATAV Army Total Asset Visibility	陆军总资产可视性
ATCCS Army Tactical Command and Control System	陆军战术指挥与控制系统
ATD Advanced Technology Demonstration	先进技术验证
ATEC Army Test and Evaluation Command	陆军试验与鉴定司令部
ATED Army Training and Education	陆军训练与教育
ATIA Army Training Information Architecture	陆军训练信息架构
ATLDP Army Training and Leader Development Panel	陆军训练与领导发展小组
ATMG Arms Transfer Management Group	武器移交管理小组
ATN Army Training Network	陆军训练网络

ATO Army Technology Objectives	陆军技术目标
ATO (D) advance Technology Objectives (demonstration)	陆军技术目标（验证）
ATO(M) Army Technology Objectives (manufacturing technology)	陆军技术目标（制造技术）
ATO(R) Advance Technology Objectives (research)	陆军技术目标（研究）
ATRRS Army Training Requirements and Resources System	陆军训练需求与资源系统
ATSC Army Training Support Center	陆军训练支持中心
AUB Army Uniform Board	陆军军服委员会
AUGTDA augmentation table of distribution and allowances	增援编配与装备表
AUTL Army universal task list	陆军通用任务表
AUTS Automatic Update Transaction System	自动更新处理系统
AVCATT Aviation Combined Arms Tactical Trainer	航空合成兵种战术训练装置
AW Asymmetric Warfare	不对称战争
AWCF Army Working Capital Fund	陆军运作资本基金
AWCF-SMA Army Working Capital Fund, Supply Management Army	陆军运作资本基金—陆军补给管理
AWE Advanced Warfighting Experiment	先进作战实验
AWRS Army War Reserve Sustainment	陆军战争储备维持
AWRSI Army War Reserve Secondary Items	陆军战争储备次要物品
BA Budget Activity	预算项目
BA Budget Authority	预算授权
BAG Budget Activity Group	预算项目小组
BAH Basic Allowance for Housing	住房基本补贴
BASOPS Base Operations	基地运作
BBS Brigade—Battalion Battle Simulation	旅－营战斗模拟

BC Basic Course	基础课程
BCA Battle Command Architecture	作战指挥架构
BCA Business Case Analysis	业务案例分析报告
BCD Bad Conduct Discharge	品行不端勒令退伍
BCP Budget Change Proposal	预算变更建议书
BCT Basic Combat Training	基础战斗训练
BCT Brigade Combat Team	旅战斗队
BCTP Battle Command Training Program	作战指挥训练方案
BDA U.S. Army Biometric Defense Agency	美国陆军生物防御局
BES Budget Estimates Submission	概算报告
BFV Bradley Fighting Vehicle	"布雷德利"战车
BIDS Biological Integrated Detection System	生物合成探测系统
BLCSE Battle Lab Collaborative Simulation Environment	战斗实验室协作模拟环境
BLIN Budget Line Item Number	预算排列项目号
BLST Brigade Logistics Support Teams	旅后勤支援小组
BLTM Battalion Level Training Model	营级训练模型
BMDR Ballistic Missile Defense Review	弹道导弹防御评估
BMIS-T Battlefield Medical Information-Theater	战场医务信息—战区
BOD Board of Directors	理事会
BOD Broadcast Operations Detachment	广播作战分遣队
BOG Boots on Ground	地面引导部队
BOIP Basis-of-Issue Plan	拨发基数计划
BOIPFD Basis-of-Issue Plan Feeder Data	拨发基数计划支线数据
BOLC Basic Officer Leader Course	军官领导才能基础课程
BOS Battlefield Operating Systems	战场作战系统
BOS Business Operating System	业务运作系统
BPC Business Process Council	业务程序委员会
BPR Business Process Reengineering	业务程序再设计
BRAC Base Realignment and Closure	基地改组与关闭

BRP Basic Research Plan	基础研究计划
BRP Budget Requirements & Programs	预算、需求与计划
BSA Budget Subactivity	预算分项目
BSI Base Support Installation	基地支持设施
BTOE Base Table of Organization and Equipment	编制与装备基础表
BUP Barracks Upgrade Program	营房升级计划
BY Budget Fiscal Year	预算财政年度
C&L Capabilities and Limitations	能力与局限
CA Civil Affairs	民事
CAA U.S. Center for Army Analysis	美国陆军分析中心
CAC Combined Arms Center	联合兵种中心
CAC–T Combined Arms Center–Training	联合兵种中心—训练
CADS Containerized Ammunition Distribution System	集装箱弹药分配系统
CAE Component Acquisition Executive	组成部队采办执行官
CAIG Cost Analysis Improvement Group	成本分析改进小组
CAISI Combat–Service–Support Automated Information Systems Interface	战斗勤务支援自动化信息系统界面
CAIV Cost as An Independent Variable	自变量成本
CALL Center for Lessons Learned	经验习得中心
CAM Capability Area Manager	能力领域管理员
CAMS Capabilities and AROC Management System	能力与陆军需求监督委员会管理系统
CAP Contractor Acquired Property	承包商获取的财产
CAP Crisis Action (time sensitive) Planning	危机行动（时间敏感型）规划
CAP Critical Acquisition Position	重要采办职位
CAPDEV Capability Developer	能力发展者
CAPE Cost Assessment and Program Evaluation	成本评估与计划鉴定
CAR Chief, Army Reserve	陆军后备队局局长

CARD Cost Analysis Requirements Description	成本分析需求说明
CARDS Catalog of approved requirements documents	批准的需求文件目录
CARDs Cost Analysis Requirements Descriptions	成本分析需求说明
CASCOM U.S. Army Combined Arms Support Command	美国陆军联合兵种支援司令部
CAT Crisis Action Team	危机行动小组
CATS Combined Arms Training Strategy	联合兵种训练策略
CATT Combined Arms Tactical Trainer	联合兵种战术训练器
CBA Capabilities Based Assessment	基于能力的评估
CBA Cost Benefit Analysis	成本效益分析
CBM Condition Based Maintenance Analysis	基于状况的维修分析
CBM+ Condition Based Maintenance Plus	基于状况的维修方案（增强版）
CBRIF USMC Chemical–Biological Incident Response Force	生化事故反应部队
CBRN Chemical, Biological, Radiological, and Nuclear	化学、生物、辐射与核
CBRNE Chemical–Biological–Radiological–Nuclear and High Yield Explosives	核生化与高爆炸药
CBS Corps Battle Simulation	军战斗模拟
CBV Capability–Based Volunteers	基于能力的志愿者
CBTDEV Combat Developer	战斗发展人员
CBDRT Chemical – Biological Defense Readiness Training	生化防御战备训练
CCA Clinger–Cohen Act	《克林格–卡亨法》
CCA Component Cost Analysis	个别成本分析
CCAD Corpus Christi Army Depot	科珀斯·克里斯蒂陆军仓库
CCB Configuration Control Board	配置控制委员会
CCC Captains' Career Course	上尉职业课程

CCDR Combatant Commander	作战司令部指挥官
CCDOR Combatant Commander's daily operational requirements (CCDOR)	作战司令部指挥官日常作战要求
CCJO Capstone Concept for Joint Operations	联合作战拱顶石概念
CCSS Commodity Command Standard System	物资控制标准系统
CCTT Close Combat Tactical Trainer	近战战术训练设备
CD&E Concept Development and Experimentation	概念发展与实验
CDA Core Depot Assessment	核心仓库评估
CDD Capability Development Document	能力发展文档
CDLD Concept Development and Learning Directorate (ARCIC)	概念发展与学习处
CDO Chief Data Officer	首席数据官
CDO Civil Disturbance Operations	民事骚乱行动
CDPL Command Designated Position List	指挥指定职位列表
CDR Critical design review	关键设计审查
CDRT Capability Development for Rapid Transition	旨在迅速过渡的能力发展
CDT Common Driver Trainer	通用驾驶员训练装置
CDT/STV CDT/ Stryker Variant	通用驾驶员训练装置/斯特赖克变体车
CE Continuous Evaluation	连续评估
CEAC U.S. Army Cost and Economic Analysis Center	陆军成本与经济分析中心
CECOM Communications-Electronics Command	通信电子司令部
CEF Contingency Expedition Force	应急远征军
CEP Concept Experimentation Program	概念实验计划
CERCLA Comprehensive Environmental Response, Compensation, and Liability Act	《综合环境响应、赔偿与责任法》
CERFP CBRNE Enhanced Response Force Package	化学、生物、辐射、核与高爆炸药强化反应组合部队

CERS Cost Estimating Relationships	成本估算关系
CES Civilian Education System	文职人员教育系统
CESL Continuing Education for Senior Leaders	高层领导继续教育
CEW Civilian Expeditionary Workforce	文职远征工作人员
CFO Chief Financial Officer	首席财务官
CFR Code of Federal Regulations	《联邦条例法典》
CFSC Community and Family Support Center	社区和家庭支援中心
CGA Common Gunnery Architecture	通用射击架构
CG CAP Coast Guard Capabilities Plan	海岸警卫队能力计划
CG LSCP Coast Guard Logistic Support and Capabilities Plan	海岸警卫队后勤支援和能力计划
CHESS Computers, Hardware, and Enterprise Software Services	计算机、硬件、企业软件服务
CHPPM Center for Health Promotion and Preventive Medicine	保健与预防医疗中心
CHRTAS Civilian Human Resource Training Application System	文职人力资源训练应用系统
CP Change proposal	更改建议
CHR Civilian Human Resource	文职人力资源
CHRA Civilian Human Resources Agency	文职人力资源局
CI Counter Intelligence	反情报
CIA Central Intelligence Agency	中央情报局
CIB Combined Information Bureau	联军新闻局
CIC Critical Intelligence Category	重要情报类别
CIDS Capabilities Integration and Development System	能力整合与发展系统
CIE Clothing and Individual Equipment	军服与单兵装备
CIEF Capability Integration Enterprise Forum (ARCIC)	能力整合企业论坛
CIF Central Issue Facility	总发放站
CIM Corporate Information Management	联合信息管理

CIO Chief Information Officer	首席信息官
CIO Corporate Information Office	企业信息军官
CIP Contract in Process	履行中的合同
CIP Critical Infrastructure Protection	关键基础设施防护
CIPMS Civilian Intelligence Personnel Management System	文职情报人事管理系统
CIPPS Civilian Integration into the Personnel Proponent System	文职人员纳入人事倡议系统
CIS Comptroller Information System	审计信息系统
CJA Comprehensive Joint Assessment	全面联合评估
CJA Command Judge Advocate	司令部军法官
CJCS Chairman of the Joint Chiefs of Staff	参谋长联席会议主席
CJCSI Chairman of the Joint Chiefs of Staff Instruction	参谋长联席会议主席指令
CJCSM Chairman Joint Chiefs of Staff Memorandum	参谋长联席会议主席备忘录
CLA Core Logistics Analysis (CLA)	核心后勤分析
CLAMO Center for Law and Military Operations	法律与军事行动中心
CLC Combined Logistics Committee	联合后勤委员会
CLRT Command Logistics Review Team	司令部后勤审查小组
CLS Common Levels of Support	通用支持水平
CM Current Month	本月
CM Command Manager	司令部主管
CM [FS] Command Managers (force structure)	司令部主管（部队结构）
CM Consequence Management	后果管理
CM Cost management	成本管理
CMA U.S. Army Chemical Materiels Agency	陆军化学装备管理局
CME Contractor Manpower Equivalents)	合同人力当量
CMEP Civil–Military Emergency Planning	民事–军事紧急事件规划
CMETL Non–Core Mission Essential Task List	非核心使命必需任务表

CMF Career Management Field	职业管理领域
CMH U.S. Army Center of Military History	美国陆军军事历史中心
CMICS Civilian Manpower Integrated Costing System	文职人力综合成本计算系统
CMO Central Management Office	中央管理办公室
CMO Civil–Military Operations	民事–军事行动
CMTC Combat Maneuver Training Center	作战机动训练中心
CAN Capability Needs Analysis	能力需求分析
CNGB Chief, National Guard Bureau	国民警卫队局局长
CNN Cable News Network	有线新闻网
COCOM Combatant Command (Command Authority)	作战司令部
COC Council of Colonel	上校委员会
COE Chief of Engineers	工兵主任
CoE Center of Excellence	卓越中心
COE Contemporary Operational Environment	当代作战环境
COFT Conduct of Fire Trainer	射击训练装置
COG Continuity of Government	政府连续性
COIC Critical Operational Issues and Criteria	重要操作说明与标准
COIST Company Intelligence Support Team	连情报支援小组
COLS Common Output Level Standards	通用输出水平标准
COMCAM Combat Camera	战斗摄像
COMPO Component	组成部队
CONOPS Concept of Operations	作战概念
CONOPS Continuity of Operations	行动连续性
CONPLAN Concept Plan	概念计划
CONUS Continental United States	美国本土
CONUSA Continental U.S. Army/Armies	美国本土陆军
COOP Continuity of Operations	行动连续性
COP Common Operating Picture	通用作战图像

CORM Commission on Roles and Missions	角色与任务委员会
CORTRAIN Corps and Division Training Coordination Program	军与师训练协调计划
COSCOM Corps Support Command	军支援司令部
COTR Contracting Officer Technical Representatives	合同签订军官技术代表
COTS Commercial Off-the-shelf	商业现货
CP Capability Packages	能力组合包
CP Career Program	职业计划
CP Change Proposals	变更建议书
CPA Chairman's Program Assessment	主席计划评估
CPA Chief of Public Affairs	公共事务处处长
CPAC Civilian Personnel Advisory Center	文职人事咨询中心
CPD Capability Production Document	能力生成文档
CPI Critical Program Information	关键计划信息
CPIM Capitial Planning and Investment Management	资本规划与投资管理
CPMD Command Provost Marshal Directorate	司令部宪兵处
CPMS Civilian Personnel Management Service	文职人员管理局
CPO Claims Processing Office	索赔处理办公室
CPOL Civilian Personnel Online	文职人员人事在线
CPP Cost & Performance Portal	成本与绩效门户网站
CPPP Caregiving Personnel Pay Program	护理人员薪酬计划
CPR Chairman's Program Recommendation	主席规划建议书
CPR Capability Portfolio Review	能力组合审查
CRA Chairman's Risk Assessment	主席风险评估
CRA Continuing Resolution Authority	持续决议权
CRB Cost Review Board	成本审核委员会
CRC CONUS Replacement Center	美国本土补充中心
CRC Crisis Response Cell	危机反应小组

CREST Contingency Real Estate Support Teams	应急不动产支援小组
CRM Composite Risk Management	综合风险管理
CrM Crisis Response	危机响应
CROWS Common Remote Operated Weapons System	通用远程操控武器系统
CRS Chairman's Readiness System	主席战备系统
CRXXI Classroom Twenty One	21 世纪教室
CS Civil Support	民事支援
CS Combat Support	战斗支援
CSA Chief of Staff, U.S. Army	陆军参谋长
CSA Combat Support Agencies	战斗支援机构
CSB Configuration Steering Board	配置指导委员会
CSB CONUS Support Base	美国本土支援基地
CSL Centralized Selection List	集中选拔列表
CSLMO Civilian Senior Leader Management Office	文职高级领导管理办公室
CSRA Civil Service Reform Act	《文官改革法案》
CSS Combat Service Support	战斗勤务支援
CST Civil Support Team	民事支援小组
CSTC Combat Support Training Centers	战斗支援训练中心
CTA Common Table of Allowance	通用装备表
CTASC Corps/Theater ADP Service Center	军／战区自动数据处理服务中心
CTC Combat Training Center	战斗训练中心
CTE Critical Technology Element	关键技术要素
CTE Culminating Training Event	顶点训练活动
CTO Chief Technical Officer	首席技术军官
CTS Contingency Tracking System	紧急事件跟踪系统
CTT Collective Training Task	集体训练任务
CVE Common Virtual Environment	通用虚拟环境

CXO Chief Integration Officer	首席整合官
CY Current fiscal Year	本财政年度
CYPPP Child and Youth Personnel Pay Program	儿童与青少年薪酬计划
DA Department of the Army	陆军部
DAB Defense Acquisition Board	国防采办委员会
DAB Director of the Army Budget	陆军预算署署长
DACIL DA Critical Items Lists	陆军部关键产品列表
DACM Director, Acquisition Career Management	采办职业管理处处长
DADT Don't Ask, Don't Tell	“不许问，不许说”
DAE Defense Acquisition Executive	国防采办执行官
DAES Defense Acquisition Executive summary	国防采办执行概要
DAGR Defense Advanced GPS Receiver	国防高级全球定位系统接收器
DALSO DA Logistics Support Officer	陆军部后勤支援官
DAMMS-R Department of the Army Movement Management System-Redesign	陆军部运输管理系统—再设计
DAMPS Department of the Army Mobilization Processing System	陆军部动员处理系统
DANTES Defense Activity for Non-Traditional Education Support	国防部非传统教育保障机构
DAO Defense Accounting Office	国防会计办公室
DAPMIS DA Photo Management Information System	陆军部照片管理信息系统
DARNG Director, Army National Guard	陆军国民警卫队局局长
DARPA Defense Advanced Research Projects Agency	国防高级研究计划局
DARPL Dynamic Army Resourcing Priority List	陆军资源分配优先顺序动态列表
DAS Defense Acquisition System	国防采办系统
DASA(APL) Deputy Assistant Secretary of the Army for Acquisition Policy and Logistics	负责采办政策与后勤的陆军助理部长帮办

DASA(CE) Deputy Assistant Secretary of the Army for Cost and Economics	负责成本与经济的陆军助理部长帮办
DASA(D&L) Deputy Assistant Secretary of the Army for Diversity and Leadership	负责多样化与领导的陆军助理部长帮办
DASA–DEC Deputy Assistant Secretary of the Army for Defense Exports and Cooperation	负责国防出口与合作的陆军助理部长帮办
DASA (FO) Deputy Assistant Secretary of the Army (Financial Operations)	负责财务的陆军助理部长帮办
DASA(R&T) Deputy Assistant Secretary of the Army (Research and Technology)	负责研究与技术的陆军助理部长帮办
DASC DA Systems Coordinator	陆军部系统协调官
DASD (IP) Deputy Assistant Secretary of Defense for Industrial Policy	负责工业政策的副助理国防部部长
DAU Defense Acquisition University	国防采办大学
DAWG Deputy's Advisory Working Group	副职咨询工作组
DAWIA Defense Acquisition Workforce Improvement Act	《增强国防采办人员能力法》
DC Dental Corps	牙医队
DCAPE Director of Cost Assessment and Program Evaluation (OSD)	成本评估与计划鉴定处处长
DCC Direct Commissioned Course	直接任命军官课程
DCE Defense Coordinating Element	国防协调分队
DCG/CofS Deputy Commanding General/ Chief of Staff	副司令／参谋长
DCI Director，Central Intelligence	中央情报局局长
DCIPS Defense Casualty Information Processing System	国防伤亡信息处理系统
DCIPS Defense Civilian Intelligence Personnel System	国防文职情报人员系统
DCLM Department of Command，Leadership，and Management	指挥、领导与管理部
DCMA Defense Contract Management Agency	国防合同管理局

DCO Defense Coordinating Officer	国防协调官
DCPDS Defense Civilian Personnel Data System	国防文职人员数据系统
DCR DOTMLPF Change Recommendation	“条令、编制、训练、装备、领导与教育、人员以及设施”变更建议
DCS，G–1 Deputy Chief of Staff	主管人事的副参谋长(G–1)
DCS，G–2 Deputy Chief of Staff	主管情报与信息战的副参谋长（G–2）
DCS，G–3/5/7 Deputy Chief of Staff	主管作战、民事与训练的副参谋长（G–3/5/7）
DCS，G–4 Deputy Chief of Staff	主管后勤的副参谋长(G–4)
DCS，G–6 Deputy Chief of Staff	主管通信的副参谋长(G–6)
DCS，G–8 Deputy Chief of Staff	主管现代化的副参谋长(G–8)
DSCA Defense Support of Civil Authorities	面向民政当局的国防支援
DCSD Deputy Chief of Staff for Developments	负责发展的副参谋长
DCSDOC Deputy Chief of Staff for Doctrine	负责条令的副参谋长
DCSOPS&T Deputy Chief of Staff for Operations & Training	负责作战与训练的副参谋长
DCSIM Deputy Chief of Staff for Information Management	负责信息管理的副参谋长
DCSPI&L Deputy Chief of Staff for Personnel, Infrastructure and Logistics	负责人事、基础设施与后勤的副参谋长
DCSRM Deputy Chief of Staff for Resource Management	负责资源管理的副参谋长
DCSSA Deputy Chief of Staff for Simulation and Analysis	负责模拟与分析的副参谋长

DC&S Deputy Chief of Staff for Concepts and Strategy	负责概念与战略的副参谋长
DDACM Deputy Director, Acquisition Career Management	采办职业管理处副处长
DDN Defense Data Network	国防数据网
DDS Dynamic Distribution System	动态分配系统
DDS Director of Dental Services	牙科主任
DeCA Defense Commissary Agency	国防部军营超市管理处
DEF Deployment Expeditionary Force	部署远征军
DENCOM Dental Command	牙医司令部
DENTAC Dental Activity	牙科
DEOMI Defense Equal Opportunity Management Institute	国防均等机会管理研究所
DEP Delayed Entry Program	延迟服役计划
DepSecDef Deputy Secretary of Defense	国防部常务副部长
DERA Defense Environmental Restoration Account	国防环境恢复账户
DEROS Date Eligible to Return from Overseas	可从海外返回的日期
DERP Defense Environmental Restoration Program	国防环境恢复计划
DES Directorate of Emergency Services	紧急事务处
DEST Domestic Emergency Support Team	国内应急支援小组
DET Displaced Equipment Training	替换装备训练
DFARS Defense Federal Acquisition Regulation Supplement	国防联邦采办补充条例
DFAS Defense Finance and Accounting Service	国防财务与会计局
DFAS–IN Defense Finance and Accounting Service–Indiana	国防财务与会计局—印第安那
DFM HQDA, G–3/7, Director of Force Management	部队管理处处长
DFMWR Directorate of Family, Morale, Welfare & Recreation	家庭、士气、福利与文化娱乐处

DFO Dining Facility Operations	用餐设施运作
DG Defense Guidance	国防指导
DHHS Department of Health and Human Services	卫生与公众服务部
DHP Defense Health Program	国防卫生计划
DHR Directorate of Human Resources	人力资源处
DHS Director of Health Services	卫生处主任
DHS Department of Homeland Security	国土安全部
DI Document Integrator	文档整合官
DIA Defense Intelligence Agency	国防情报局
DIEMS Date Initially Entered Military Service	首次服兵役日期
DIMHRS Defense Integrated Military Human Resources System	国防军事人力资源综合系统
DIR，FD Director，Force Development (HQDA G–8)	部队发展处处长（陆军部总部 G–8）
DIS Distributed interactive simulation	分布式交互模拟
DISA Defense Information Systems Agency	国防信息系统局
DISCOM Division Support Command	师支援司令部
DISES Defense Intelligence Executive Service	国防情报行政局
DISL Defense Intelligence Senior Level	国防情报高级别
DKO Defense Knowledge Online	国防部知识在线
DL Distance Learning	远程学习
DLA Defense Logistics Agency	国防后勤局
DLAMP Defense Leadership and Management Program	国防领导与管理计划
DLEA Drug Law Enforcement Agencies	药品法执行局
DLMS Defense Logistics Management System	国防后勤管理系统
DLMSO Defense Logistics Management Standards Office	国防后勤管理标准办公室
DMATs Disaster Medical Assistance Teams	救灾医疗援助小组

DMC Distribution Management Center	分配管理中心
DMC Defense Management Council	国防管理委员会
DMCB Depot Maintenance Corporate Board	仓库维修联合委员会
DMETL Non-Directed Mission Essential Task List	非指定使命必需任务列表
DML/DMSL Distribution Management Level/Sub-Level	分配管理级别 / 分级
DMLSS Defense Medical Logistics Standard Support	国防医疗后勤标准支援
DMO Directed Military Overstrength	有控制的军事人员超编
DMORTs Disaster Mortuary Operational Response Teams	灾难丧葬作业响应小组
DMRB Defense Materiel Readiness Board	国防装备战备委员会
DMSO Defense Modeling and Simulation Office	国防建模与模拟办公室
DMSS Defense Medical Surveillance System	国防医疗监视系统
DMSSC Defense Medical Systems Support Center	国防医疗系统支援中心
DOC Department of Commerce	商务部
DOD Department of Defense	国防部
DODD Department of Defense Directive	国防部指令
DODI DOD Instruction	国防部指示
DOD IRD DOD Investigations and Resolutions Division	国防部调查与决议部门
DODR&E(SP) DOD Research and Engineering Strategic Plan	国防部研究与工程战略计划
DOE Department of Energy	能源部
DOI Director of Integration (HQDA G-8)	整合处（陆军部总部 G-8）
DOIM Director of Information Management	信息管理处处长
DOJ Department of Justice	司法部
DOL Directorate of Logistics	后勤处
DOM Director of Materiel (HQDA G-8)	装备处（陆军部总部 G-8）

DOMS Directorate of Military Support	军事支援处
DOPMA Defense Officer Personnel Management Act	《国防军官人事管理法案》
DOR Directorate of Resources (HQDA G-8)	资源处（陆军部总部G-8）
DOS Department of State	国务院
DOT Department of Transportation	运输部
D,OT&E Director, Operational Test and Evaluation	作战试验与鉴定处处长
DOTmLPF (non-material) doctrine, organization, training, leadership and education, personnel, and facilities	条令、编制、训练、领导与教育、人员以及设施
DOTMLPF Army's Doctrine, Organization, Training, Materiel, Leadership and Education, Personnel and Facilities	陆军“条令、组织、训练、装备、领导与教育、人员以及设施”
DP3 Defense Personal Property Program	国防私人财产计划
DPAE Director of Program Analysis and Evaluation	计划分析与鉴定处处长
DPAS Defense Priorities and Allocations System	国防优先等级与分配系统
DPC Defense Planning and Coordination	国防规划与协调
DPCU Defense Planning and Coordination Unit	国防规划与协调单位
DPD Defense Programming Database	国防计划数据库
DPG Defense Planning Guidance	国防规划指导
DPP dedicated procurement program	指定采购计划
DPPG Defense Planning and Programming Guidance	国防规划与计划指导
DPS Defense Planning Scenarios	国防规划方案
DPTMS Directorate of Plans, Training, Mobilization and Security	计划、训练、动员与安全处
DPW Directorate of Public Works	公共工程处
DRB Defense Resources Board	国防资源委员会

DRF Disaster Relief Fund	救灾基金
DRID Defense Reform Initiative Directive	国防改革计划指令
DRMO Defense Reutilization and Marketing Office	国防资源再利用与销售办公室
DRRS Defense Readiness Reporting System	国防战备报告系统
DRRS-A Defense Readiness Reporting System-Army	陆军国防战备报告系统
DRU Direct Reporting Unit	直接报告单位
DSAB Defense Space Acquisition Board	国防航天采办委员会
DSAT DHS Situational Awareness Team	国土安全部态势感知小组
DSB Defense Science Board	国防科学委员会
DSCA Defense Security Cooperation Agency	国防安全合作局
DSCA Defense Support of Civil Authorities	面向民政当局的国防支援
DSLC Defense Senior Leader Conference	国防高级领导会议
DSLDP Defense Senior Leader Management Program	国防高级领导管理计划
DSMC Defense Systems Management College	防务系统管理学院
DSMIS Defense Subsistence Management Information System	国防给养管理信息系统
DSOR Depot Source of Repair	仓库维修源
DT Developmental Test	研发试验
DTAC Digitized Training Access Center (DTAC)	数字化训练访问中心
DTCI Defense Transportation Coordination Initiative	国防运输协调方案
DTF Digital Training Facilities	数字化训练设备
DTMS Digital Training Management System	数字化训练管理系统
DTOE Draft Table of Organization and Equipment	编制装备表草案
DTOS Deployable Tracking Operations System	可部署跟踪行动系统

DTP Delayed Training Program	延迟训练计划
DTR Defense Transportation Regulation	国防运输条例
DTRA Defense Threat Reduction Agency	国防威胁降低局
DTS Defense Transportation System	国防运输系统
DTT Doctrine and Tactics Training	条令与战术训练
DTTS Defense Transportation Tracking System	国防运输跟踪系统
DUSD(AS&C) Deputy Under Secretary of Defense for Advanced Systems and Concepts	负责高级系统与概念的国防部副部长帮办
DUSD(AT&L) Deputy Under Secretary of Defense for Acquisition, Technology, and Logistics	负责采办、技术与后勤的国防部副部长帮办
DUSD(CPP) Deputy Under secretary of Defense (Civilian Personnel Policy)	负责文职人事政策的国防部副部长帮办
DUSD(S&T) Deputy Undersecretary of Defense (Science and Technology)	负责科学与技术的国防部副部长帮办
E2E End to End	端到端
E–E Emergency Essential	应急必需
EA Economic Analysis	经济分析
EAB Echelons Above Brigade	旅级以上梯队
EB Executive Board	执行委员会
EC Electronic Commerce	电子商务
ECAS Environmental Compliance Assessment System	环境达标评估系统
ECG Enduring Constitutional Government	持久的宪政
ECOP Equipping Common Operating Picture	装备通用作战图像
ECQ Executive Core Qualifications	执行官核心资格
EDAS Enlisted Distribution and Assignment System	士兵分配和指派系统
EDATE Effective Date	生效日期
EDCA Executive Director for Conventional Ammunition	常规弹药管理处处长
EDI Electronic Data Interchange	电子数据交换

EDM Engineering Development Model	工程发展模型
EDRB Equipment Distribution Review Board	装备分发审核委员会
EDTM Enlisted Distribution Target Model	士兵分配目标模型
EE PEG Equipping Program Evaluation Group	装备计划鉴定小组
EEO Equal Employment Opportunity	均等就业机会
EEOC Equal Employment Opportunity Commission	均等就业机会委员会
EEOCAJ Equal Employment Opportunity Commission Administrative Judge	均等就业机会委员会行政评判员
EEOCCR Equal Employment Opportunity Compliance and Complaints Review	均等就业机会遵守和投诉审查
EES Enlisted Evaluation System	士兵评估系统
EFD Enterprise Funds Distribution	企业基金分配
EG Enlisted Grades	士兵等级
EGB Enterprise Guidance Board	企业指导委员会
EIS Enterprise Information System	企业信息系统
EMAC Emergency Management Assistance Compact	应急管理援助契约
EMD Engineering and Manufacturing Development	工程与制造发展
EMS emergency medical services	紧急医疗勤务
EOA Equal Opportunity Advisor	机会均等顾问
EOC State Emergency Operation Center	国家应急行动中心
EOD Explosive Ordinance Disposal	爆炸物处理
EOH Equipment on Hand	现有装备
EOL Equal Opportunity Leader	均等机会领导
EOPM Equal Opportunity Program Manager	均等机会计划主管
EOR Element of Resource	资源要素
EPA Environmental Protection Agency	环境保护局
EPAERT Environmental Protection Agency Environmental Response Teams	环境保护局环境反应小组

EPLO Emergency Preparedness Liaison Officer	应急战备联络官
EPMD Enlisted Personnel Directorate	士兵人事管理局
EPMS Enlisted Personnel Management System	士兵人事管理系统
EPP Enhanced Planning Process	强化规划程序
EPP Extended Planning Period	延长的规划期
EPW Enemy Prisoners of War	敌方战俘
EQ4 Equipping the Force	装备部队
ER Equipment Readiness	装备战备状况
ER,A Environmental Restoration, Army	环境修复（陆军）
ERB Executive Resources Board	行政资源委员会
ERC Equipment Readiness Code	装备战备代码
ERDC U.S. Army Engineer Research and Development Center	陆军工程研发中心
ERF Emergency Response Function	应急响应职能
ERGO Environmental Review Guide for Operations	环境审查作业指导
ERP Enterprise Resource Planning	企业资源规划
ERS Emergency Relocation Staffs	应急调动参谋
ERTs Evidence Response Teams	证据响应小组
ES Embedded Simulation	嵌入式模拟
ES End Strength	财年年终兵力
ES Enlisted Strength (Model)	士兵兵力（模型）
ESCO Energy Services Company	能源服务公司
ESD Equipment Sourcing Document	装备采购文档
ESF Economic Support Fund	经济支援基金
ESF Emergency Support Functions	紧急支援职能
ESGR National Committee for Employer Support of the Guard and Reserve	雇主支持国民警卫队与后备队全国委员会
ESLRG Expanded Senior Review Group	高级审查扩大小组
ESP Executive and Senior Professional	执行官与高级专业人员

ESPC Energy Savings Performance Contracts	节能绩效合同
EST Engagement Skills Trainer	交战技能训练装置
ETC Exportable Training Capability	可输出的训练能力
ETS Expiration of Term of Service	服役期满
EUSA Eighth United States Army	第八集团军
EW Electronic Warfare	电子战
EXCOM Executive Committee	执行委员会
EXORD Execute Order	执行命令
FA Functional Area	职能领域
FA-TRAC Foreign Army Training Assistance Command	外国军队训练援助司令部
FAA Final Agency Action	行政机构最终决定
FAA Foreign Assistance Act	《援外法案》
FAA Functional Area Assessment	职能领域评估
FACTS Financial Air Clearance Transportation System	财务飞航许可运输系统
FAD Final Agency Decision	行政机构最终裁决
FAD Force Activity Designator	部队机构代号
FAD Fund Authorization Document	资金授权文档
FaNS Federated Net-Centric Sites	联合网络中心网站
FAR Federal Acquisition Regulation	联邦采办条例
FASCLASS Fully Automated System for Classification	全自动化分类系统
FBI Federal Bureau of Investigation	联邦调查局
FC Foundation Course	基础课程
FCB Functional Capabilities Boards	职能能力委员会
FCCE Flood Control and Coastal Emergencies	防洪和沿海紧急情况
FCO Federal Coordinating Officer	联邦协调官
FCS Federal Catalog System	联邦目录系统
FDD Force Design Directorate	部队设计处

FDIIS Force Development Investment Information System	部队发展投资信息系统
FDO Flexible Deterrent Option	灵活威慑选择方案
FDU Force Design Update	兵力设计更新
FEA Front End Analysis	前端分析
FECA Federal Employees Compensation Act	《联邦雇员赔偿法》
FEMA Federal Emergency Management Agency	联邦应急事务处理局
FFC Fact Finding Conference	调查会
FFCA Federal Facility Compliance Act	《联邦设施合规法》
FFID Future Force Integration Directorate	未来部队整合处
FFMIA Federal Financial Management Improvement Act	《联邦财务管理改善法》
FFE Field Force Engineering	野战部队工程
FFR Force Feasibility Review	部队可行性审查
FHMP Family Housing Master Plan	家属住房总计划
FHP Force Health Protection	部队保健
FI Force Integrator	部队整合官
FIAR Financial Improvement Audit Readiness	财务改进审计战备
FIFA Force Integration Functional Area	兵力集成职能领域
FIRSTs Federal Incident Response Support Teams	联邦事故反应支援小组
FLRA Federal Labor Relations Authority	联邦劳动关系局
FMC Field Maintenance Company	战场维修连
FMCS Federal Mediation and Conciliation Service	联邦调解调停局
FMF Foreign Military Financing	对外军事融资
FMFIA Federal Manager's Financial Integrity Act	《联邦管理人员财务诚信法》
FMFP Foreign Military Financing Program	对外军事融资计划
FMR Force Management Review	部队管理评估
FMS Force Management System	部队管理系统

FMS Foreign Military Sales	对外军售
FMWR Family and Morale, Welfare, and Recreation	家庭、士气、福利与文化娱乐
FMWRC Family and Morale, Welfare, and Recreation Command	家庭、士气、福利与文化娱乐司令部
FMX Fleet Management Expanded	扩大化车队管理
FNA Functional Needs Analysis	职能需求分析
FOA Field Operating Agency	野外作业机构
FOC Force Operating Capability	部队作战能力
FOIA Freedom of Information Act	《信息自由法》
FORMDEPS FORSCOM Mobilization and Deployment Planning System	部队司令部动员与部署规划系统
FORSCOM U.S. Forces Command	部队司令部
FoS Family–of–Systems	系统系列
FOT Follow–on Operational Test	后续作战试验
FPMS Flood Plain Management Services Program	洪泛平原管理局计划
FPPM Functional Proponent for Preventive Medicine	预防医学职能倡议者
FR Functional review	职能审查
FRC Federal Resource Coordinator	联邦资源协调官
FRP Facility Reduction Program	设施削减计划
FRP Full Rate Production	大批量生产
FS Force Structure (FS)	部队结构
FSA Force Structure Allowance	部队结构限额
FSA Functional Solutions Analysis	职能解决方案分析
FSC Forward Support Company	前进支援连
FSIP Federal Service Impasses Panel	联邦机构僵局处理小组
FSO Full Spectrum Operations	全频谱作战
FSO METL Full Spectrum Operations Mission Essential Task List	全频谱作战使命必需任务表

FST Functional Support Teams	职能支援小组
FTS Full Time Support	全班支援
FTSTDA Full Time Support TDA	全班支援编配与装备表
FTX Field Training Exercises	野战演习
FUED First Unit Equipped Date	首批装备单位日期
FWS Federal Wage System	联邦工资系统
FVC Force Validation Committee	部队验证委员会
FYDP Future Years Defense Program	未来年份国防计划
FYTP Five Year Test Program	五年试验计划
GA&CKO Governance, Acquisition, and Chief Knowledge Office	管理、采办与首席知识官办公室
GAO General Accounting Office	总会计局
GAR Governor's Authorized Representative	州长授权代表
GBL Government Bill of Lading	政府提货单
GC The General Counsel	法律总顾问
GC Garrison Commander	警备区司令
GCC Geographical Combat Commander	地区战斗指挥官
GCCS Global Command and Control System	全球指挥与控制系统
GCM General Court-Martial	最高军事法庭
GCMCA General Court Martial Convening Authority	最高军事法庭召集当局
GCSMC Garrison Command Sergeants Major course	警备区司令部军士长课程
GCSS-A (F/T) Global Combat Service Support System Army (Field/Tactical)	陆军全球战斗勤务支援系统（野战／战术）
GDF Guidance for Development of the Force	部队发展指导
GDPR Global Defense Posture Review	全球防务态势审查
GDPS Global Defense Posture Strategy	全球防务态势战略
GEF Guidance for Employment of the Force	兵力运用指导
GF Generating Forces (GF)	生成部队

GFE Government Furnished Equipment	政府提供的设备
GFEBS General Fund Enterprise Business Systems	普通基金企业业务系统
GFM Global Force Management	全球兵力管理
GFM Global Force Management Data Initiative	全球部队数据方案
GFM Global Freight Management	全球货运管理
GIE Global Information Environment	全球信息环境
GIG Global Information Grid	全球信息网
GIWW Gulf Intracoastal Waterway	墨西哥湾沿岸水道
GNEC Global Network Enterprise Construct	全球网络企业架构
GMRA Government Management Reform Act	《政府管理改革法案》
GOIC General Officer Installation Commander's Course	军事设施指挥官将官课程
GOSC General Officer Steering Committee	将官指导委员会
GOTS Government-off-the-shelf	现政府
GPC Garrison Pre-command Course	警备区指挥职务职前课程
GPRA Government Performance and Results Act	《政府绩效与结果法》
GRF Global Response Force	全球反应部队
GSA General Services Administration	总务管理局
GSORTS Global Status of Resources and Training System	全球资源与训练状况系统
GTA Graphic Training Aids	训练辅助图表
GWOT Global War on Terroism	全球反恐战争
HA Humanitarian Assistance	人道主义援助
HAAP Homebase/Advanced Assignment Program	总部／高级指派计划
HASC House Armed Services Committee	众议院武装部队委员会
HCA Humanitarian and Civic Assistance	人道主义与民事援助
HCA head of Contracting Activities	合同订立机构负责人
HD Homeland Defense	国土防御

HEAT HMMWV Egress Trainer	高机动多功能轮式车辆进出训练装置
HEPLOs Headquarters Emergency Preparedness Liaison Officers	总部应急战备联络官
HFEA Human Factors Engineering Analysis	人体因素工程分析
HHA Health Hazard Assessment	健康危险评估
HHS Health and Human Services	卫生与公众服务
HLS Homeland Security	国土安全
HLT Hurricane Liaison Team	飓风联络小组
HMMP Hazardous Material Management Program	危险材料管理计划
HMMS Hazardous Material Management System	危险材料管理系统
HMMWV High Mobility Multipurpose Wheeled Vehicle	高机动多用途轮式车辆
HMRU Hazardous–Materials Response Unit	危险材料反应部队
HN Host Nation	东道国
HNS Host Nation Support	东道国支援
HPO High Performing Organization	高绩效组织
HQDA Headquarters, Department of the Army	陆军部总部
HQE Highly Qualified Expert	高素质专家
HR Human Resource	人力资源
HRC Human Resources Command	人力资源司令部
HRC–STL Human Resources Command–St Louis	人力资源司令部—圣路易斯
HRF Homeland Response Forces	国土反应部队
HRM human Resource Management	人力资源管理
HRT Hostage Rescue Team	人质救援小组
HSC Homeland Security Council	国土安全委员会
HIS Human Systems Integration	人力系统综合
HSPD Homeland Security Presidential Directive	国土安全总统指令
IAW In Accordance With	根据

IA Individual Account	个人名册
IA Information assurance	信息安全
IADC Inter-American Defense College	泛美防务学院
IADT Initial Active Duty for Training	初次现役训练
IC Incident Commander	事故指挥官
IC Intermediate Course	中级课程
ICD Initial Capabilities Document	初始能力文档
ICDT Integrated Capabilities Development Team	综合能力发展小组
ICE Independent Life-cycle Cost Estimate	生命周期成本独立估算报告
ICODES Integrated Computerized Deployment System, Global Services	综合计算机部署系统（全球服务）
ICPA Injury Compensation Program Administrater	损伤赔偿计划管理人
ICS Incident Command System	事故指挥系统
ICW in coordination with	协同
IDG Installation Design Guide	军事设施设计指南
IDP Individual Development Plan	个人发展计划
IDS Installation Design Standards	军事设施设计标准
IDT Inactive Duty Training	非现役训练
IE&E Installation Energy & Environment	军事设施能源与环境
IEDs Improvised Explosive Devices	简易爆破装置
IET Initial Entry Training	首次入伍训练
IFA installation food advisor	军事设施食品顾问
IGI&S Installation Geospatial Information & Services	军事设施地理空间信息与服务
IHX International Heavyweight Tenders	国际重型补给船
IIQ initial issue quantity	初次拨发数量
ILE Intermediate Level Education	中级教育
ILS Integrated Logistics Support	综合后勤支持
ILSM Integrated Logistic Support Manager	综合后勤支持主管

IM Information Management	信息管理
IMA Installation Management Agency	军事设施管理局
IMA Individual Mobilization Augmentee	单个动员增援人员
IMAT Incident Management Assistance Teams	事故管理协助小组
IMBOD Installation Management Board of Directors	军事设施管理理事会
IMCOM Installation Management Command	军事设施管理司令部
IMET International Military Education and Training	国际军事教育与训练
IMI Interactive Multimedia Instruction	交互式多媒体教育
IMMC Integrated Material Management Center	综合装备管理中心
IMPS Integrated Maintenance Phase System	综合维修阶段系统
IMRD Intelligence Resource Management Decision	情报资源管理决定
IMS international military student	国际军事学生
IMT Initial Military Training	初次军事训练
INFOSEC Information Security	信息安全
ING Inactive National Guard	非现役国民警卫队
INSCOM U.S. Army Intelligence and Security Command	美国陆军情报与安全司令部
IOC Initial Operational Capability	初始作战能力
IOS Instructor/Operator Station	教官／操作员台位
IOT Initial Operational Test	初始作战试验
IPA Integrated Program Assessment	综合计划评估
IPL Integrated Priority List	综合优先列表
IPMO Intelligence Personnel Management Office	情报人员管理办公室
IPM Industrial Preparedness Measure	工业战备措施
IPP Industrial Preparedness Planning	工业战备规划
IPPL Industrial Preparedness Planning List	工业战备规划表
IPPS–A Integrated Personnel and Pay System–Army	陆军人事与薪酬综合系统
IPR In–process Review	过程中审查

IPRG Intelligence Program Review Group	情报计划审查小组
IPT Integrated Process Team	综合程序小组
IPT Integrated Product Team	综合产品小组
IR Irregular Warfare	非正规战争
IRACO Internal Review	内部审查
IR&D Independent Research and Development	独立研究与发展
IRD Investigations and Resolutions Division	调查与决议科
IRI Information Resource Integration	信息资源整合
IRM Information Resource Management	信息资源管理
IRP Installation Restoration Program	军事设施环境恢复计划
IRR Individual Ready Reserve	单个待命后备役
ISC Integrated Security Campaigns (ISCs)	综合安全作战
ISEW Intelligence, Security and Electronic Warfare	情报、安全与电子战
ISM Installation Support Modules	军事设施保障模块
ISM CIF Installation Support Module Central Issue Facility	军事设施保障模块总发放站
ISP Information Support Plan	信息支援计划
ISR In-Service Review	在职审查
ISR Installation Status Report	军事设施状态报告
ISR-I Installation Status Report-Infrastructure	军事设施状态报告—基础设施
IT Information Technology	信息技术
IT-GOSC Information Technology General Officer Steering Committee	信息技术将官指导委员会
ITA U.S. Army Information Technology Agency	美国陆军信息技术局
ITAB Information Technology Acquisition Board	信息技术采办委员会
ITAPBD Integrated Total Army Personnel Data Base	陆军全体人员综合数据库
ITAM Integrated Training Area Management	训练区综合管理

ITD Individual Training Directorate	个人训练处
ITMRA Information Technology Management Reform Act of 1996	《1996年信息技术管理改革法案》
ITRM Individual Training Resource Module	个人训练资源模块
ITV In-Transit Visibility	在运物资可视性
IW Irregular Warfare	非正规战争
IWN immediate warfighter needs	实时军人需求
IWR Institute for Water Resources	水资源研究所
IWRS Interactive Web Response System	交互式网络响应系统
JA Judge Advocate	军法官
JAG Judge Advocate General	军法署署长
JAGC Judge Advocate General's Corps	军法部门
JBMC2 Joint Battle Management Command and Control	联合战斗管理指挥与控制
JCA Joint Capability Areas	联合能力领域
JCATD Joint and Combined Arms Training Directorate	联合与合成兵种训练处
JCB Joint Capability Board	联合能力委员会
JCCA Joint Combat Capability Assessment	联合战斗能力评估
JCCAG Joint Combat Capabilities Assessment Group	联合战斗能力评估小组
JCD Joint Capabilities Document	联合能力文档
JCIDS Joint Capabilities Integration and Development System	联合能力整合与发展系统
JCLL Joint Center For Lessons Learned	经验习得联合中心
JCS Joint Chiefs of Staff	参谋长联席会议
JCTD Joint Capabilities Technology Demonstrations	联合能力技术验证
JDOMS Joint Directorate of Military Support	联合军事支援处
JFC Joint Force Commander	联合部队司令部司令
JFCOM Joint Forces Command	联合部队司令部

JFHQ–State Joint Forces Headquarters–State	联合部队总部—州
JFLCC Joint Forces Land Component Command	联合部队地面组成部队司令部
JFO Joint Field Office	联合战地办事处
JFP Joint Force Providers	联合部队提供方
JFRR Joint Force Readiness Review	联合部队战备审查
JIB Joint Information Bureau	联合新闻局
JIC Joint Information Center	联合信息中心
JIC Joint Integrating Concepts	联合整合概念
JIEDDO Joint Improvised Explosive Devices Defeat Organization	简易爆破装置联合摧毁组织
JIIM Joint, Interagency, Inter–Governmental, and multinational	联合、跨机构、政府间与多国
JIWG Joint Intermodal Working Group	联合跨运具工作组
JLCPM Joint Logistics Capability Portfolio Manager	联合后勤能力组合管理员
JMC Joint Munitions Command	联合弹药司令部
JM&L Joint Munitions and Lethality Life Cycle management command	联合弹药与杀伤力生命周期管理司令部
JMET Joint Mission–Essential Tasks	联合使命必需任务
JMRC Joint Multinational Readiness Center	联合多国战备中心
JMT Joint Mission Thread	联合任务线程
JOC Joint Operating Concepts	联合作战概念
JOC Joint Operations Center	联合作战中心
JopsC Joint Operations Concepts	联合作战行动概念
JOCG Joint Ordnance Commanders Group	联合军械指挥官小组
JOE Joint Operating Environment	联合作战环境
JOPES Joint Operations Planning and Execution System	联合作战规划与执行系统
JopsC Joint Operations Concept	联合作战概念

JPAB Joint Materiel Priorities and Allocation Board	联合装备优先顺序与分配委员会
JPAC Joint Planning Augmentation Cell	联合规划增援小组
JPD Joint Planning Document	联合规划文档
JPD Joint Potential Designator	联合潜能标识
JPEC Joint Planning and Execution Community	联合规划与执行团体
JPG Joint Programming Guidance	联合计划指导
JPME Joint Professional Military Education	联合职业军事教育
JRAC Joint Rapid Acquisition Cell	联合快速采办小组
JROC Joint Requirements Oversight Council	联合需求监督委员会
JROCM Joint Requirements Oversight Council Memorandum	联合需求监督委员会备忘录
JRTC Joint Readiness Training Center	联合战备训练中心
JSCP Joint Strategic Capabilities Plan	联合战略能力计划
JSO Joint Specialty Officer	联合专业军官
JSOTF Joint Special Operations Task Force	联合特种作战特遣部队
JSPS Joint Strategic Planning System	联合战略规划系统
JSR Joint Strategy Review	联合战略评估
JSSAP Joint Service Small Arms Program	联合军种轻武器计划
JTA/JTD Joint Table of Authorizations/Joint Table of Distribution	联合授权表/联合编配表
JTAPIC Joint Trauma Analysis and Prevention of Injury in Combat Program	联合创伤分析与战伤预防计划
JTAV Joint Total Asset Visibility	联合总资产可视性
JTC The Joint Commission	联合委员会
JTF joint task force	联合特遣部队
JTF–CS Joint Task Force–Civil Support	联合特遣部队—民事支援
JTF–N Joint Task Force North	联合特遣部队—北方
JTT Joint Test Thread	联合测试线程

JULLS Joint Utilization Lesson Learned System	联合利用经验习得系统
JUONS Joint Urgent Operational Needs Statement	联合紧急行动需求报告
JWE Joint Warfighting Experiment	联合作战实验
JWSTAP Joint Weapon Safety Technical Advisory Panel	联合武器安全技术咨询小组
JWSTP Joint Warfighting Science and Technology Plan	联合作战科技计划
KFL Key Facilities List	关键设施列表
KM Knowledge Management	知识管理
KM/DS Knowledge Management/Decision Support Tool (JS)	知识管理／决策支持工具
KPP Key Performance Parameter	关键性能参数
KSA Knowledge, Skills, and Abilities	知识、技能与能力
KSA Key System Attribute	关键系统属性
LAD Latest Arrival Date	最迟抵达日期
LAN Local area network	局域网
LCCE Life Cycle Cost Estimates	生命周期成本估算
LCMC Life Cycle Management Command	生命周期管理司令部
LCSP Life-cycle Sustainment Plan	生命周期维持计划
LDD Leader Development and Education Directorate	领导培养与教育处
LEA Law Enforcement Agencies	执法机构
LEAD Letterkenny Army Depot	莱特肯尼陆军仓库
LEXIS Logistics Execution Information System	后勤执行信息系统
LFA Lead Federal Agency	主要联邦机构
LFT&E Live Fire Test and Evaluation	实弹射击试验与鉴定
LHWCA Longshore and Harbor Workers Compensation Act	《码头和港口工人补偿法》
LIA Logistics Innovation Agency	后勤创新局
LIC Language Identifier Code	语言识别码

LIDB Logistics Integrated Databases	后勤综合数据库
LIO Limited Intervention Operations	有限干预行动
LMER Labor and Management Employee Relations	劳工与管理人员关系
LMI Logistics Management Information	后勤管理信息
LMP Logistics Modernization Program	后勤现代化计划
LIN Line Item Number	册列项目编号
LIW Logistics Information Warehouse	后勤信息库
LOA Letter of Offer and Acceptance	交货与验收单
LOB Lines of Business	业务领域
LOD Line of Duty	军职
LOGCAP Logistics Civil Augmentation Program	后勤民事增援计划
LOGSA Logistics Support Activity	后勤支援处
LOGSACS Logistics Structure and Composition System	后勤结构与组成系统
LOI Letter of Instruction	训令
LOTS Logistics Over the Shore	越岸后勤
LRIP Low Rate Initial Production	小批量试生产
LSE Logistics Support Element	后勤保障分队
LSS Lean Six Sigma	精益六西格玛
LVC Live, Virtual, Constructive	实时、虚拟与建设性
LVCG Live, Virtual, Constructive, and Gaming	实时、虚拟、建设性与演习
LWN LandWarNet	陆战网
LWN-BC LandWarNet/Battle Command	陆战网／作战指挥
LWN-BC GOSC LandWarNet/Battle Command	陆战网／作战指挥将官指导小组
M&S modeling and simulation	建模与模拟
M2PR Monthly Military Personnel Review	月度军事人员审查
MA Mission Assurance	任务确认

MACA Military Assistance to Civil Authorities	面向民政当局的军事援助
MACDIS Military Assistance for Civil Disturbance	民事骚乱军事援助
MACOM Major Army Command	陆军主要司令部
MAISRC Major Automated Information System Review Council	大型自动化信息系统审查委员会
MALT-R Materiel, Acquisition, Logistics and Technology Reviews	装备、采办、后勤与技术审查
MANPRINT Manpower and Personnel Integration	人力与人事一体化
MAP Military Assistance Programs	军事援助计划
MARC Manpower Requirements Criteria	人力需求标准
MAST Military Assistance to Safety and Traffic	安全与交通军事援助
MATDEV Materiel Developer	装备发展者
MBI Major Budget Issue	主要预算问题
MC Medical Corps	医疗队
MC4 Medical Communications for Combat Casualty Care	战伤救护医疗通信
MCA Military Construction	陆军军事施工
MCAR Military Construction, Army Reserve	陆军后备队军事施工
MCNG Military Construction, Army National Guard	陆军国民警卫队军事施工
MCM Manual for Courts-Martial	军法手册
MCO Major Combat Operations	主要作战行动
MCP Marine Corps Capabilities Plan	陆战队能力计划
MCS Managed Care Support	管理的护理支援
MCTP Mission Command Training Program	任务指挥训练计划
MCU Multi-COMPO Unit	多组成部队单位
MDA Missile Defense Agency	导弹防御局
MDA Milestone Decision Authority	里程碑决策当局
MDC Management Development Course	管理发展课程

MDD Materiel Development Decision	装备发展决议
MDEP Management Decision Package	管理决策包
MDR Milestone Decision Review	里程碑决策审查
MDW Military District of Washington	华盛顿军区
MECC Materiel Enterprise Collaboration Counsel	军事装备企业协作委员会
MEDCEN Medical center	医务中心
MEDCOM U.S. Army Medical Command	美国陆军医务司令部
MEDDAC Medical Department Activity	医疗机构
ME Materiel Enterprise	军事装备企业
MEEF Materiel Enterprise Executive Forum	军事装备企业高管论坛
MEO Military Equal Opportunity	军事均等机会
MEO Most Efficient Organization	最高效机构
MEPCOM Military Entrance Processing Command	入伍处理司令部
MEPS Military Entrance Processing Station	入伍处理站
MER Manpower Estimate Report	人力预估报告
MER Mission Essential Requirements	使命必需需求
MERS Mobile Emergency Response Support	机动应急响应支援
MESR Materiel Enterprise Strategic Reviews	军事装备企业战略审查
METL Mission Essential Task List	使命必需任务列表
METT-TC Mission, Enemy, Terrain and Weather, Troops and Support Available-time Available and Civilians Considerations	任务、敌人、地形与气候、可得的部队与支援、可用的时间与民事考量
MFA Materiel Fielding Agreement	装备部署协定
MFORCE Master Force	主要兵力
MFP Materiel Fielding Plan	装备部署计划
MFTB Multifunctional Training Brigades	多国训练旅
MHRM Military Human Resource Management	军事人力资源管理
MID Management Initiative Decisions	管理方案决议
MILCON Military Construction	军事施工

MILPERS Military Personnel	军事人员
MILSPECs/STDs military specifications and standards	军用规范与标准
MILSTAMP Military Standard Transportation and Movement Procedures	军事运输与调动标准程序
MILSTEP Military Supply and Transportation Evaluation Procedures	军事补给和运输鉴定程序
MILSTRAP Military Standard Transactions Reporting and Accounting Procedures	军事交易汇报与会计标准程序
MILSTRIP Military Standard Requisitioning and Issue Procedures	军队申请与发放标准程序
MIL-Techs Military Technicians	军事技术员
MIPS Modified Integrated Program Summary	综合计划修正概要
MMC Materiel Management Center	装备管理中心
MMEWR Minimum Mission Essential Wartime Requirement	使命战时最低限度基本需求
MMG Master Mobilization Guide	总体动员指导
MNS Mission Needs Statement	任务需求报告
MOA Memorandum of Agreement	协议备忘录
MOB-ARPRINT Mobilization Army Program for Individual Training	动员时陆军个人训练计划
MOBMAN Mobilization Manpower Planning System	动员时人力规划系统
MOBTDA mobilization	动员编配与装备表
MOCS Military Occupational Classification and Structure System	军职分类与结构系统
MOE Measures of Effectiveness	效能评估
MOI Memorandum of Instruction	指示备忘录
MOS Military Occupational Specialty	军职专业
MOSLS Military Occupational Specialty Level System	军职专业级别系统

MOS-T Military Occupational Specialty-training	军职专业—训练
MOU Memoranda of Understanding	谅解备忘录
MPA Military Personnel, Army	陆军军事人员
MPAD Mobile Public Affairs Detachment	公共事务机动分遣队
MPI Military Police Investigator	宪兵调查员
MPLAN Marine Corps Mobilization Management Plan	陆战队动员管理计划
MPS Mobilization Planning System	动员规划系统
MPSA U.S. Military Postal Service Agency	军邮勤务局
MPT Manpower, Personnel, and Training	人力、人员和训练
MRAP mine resistant ambush protected vehicle	防地雷反伏击车
MRD Material Requirements Document	装备需求文档
MRL Materiel Requirements List	装备需求列表
MRM Management Reform Memorandum	管理改革备忘录
MROC Materiel Release Order Capability	装备发放命令能力
MS milestone	里程碑
MS Medical Service Corps	医疗服务队
MSC Military Sealift Command	军事海运司令部
MSC Major Subordinate Command	主要下属司令部
MSCLEA Military Assistance to Civil Law Enforcement Agencies	面向民事执法机构的军事援助
MSF Million Square Feet	百万平方英尺
MSO Military Service Obligation	兵役义务
MSP Mission Support Plan	任务支援计划
MSPB Merit Systems Protection Board	考绩系统保护委员会
MTBF Mean Time Between Failure	平均故障间隔时间
MTF Medical Treatment Facility	医疗设施
MTMC Military Traffic Management Command	军事交通管理司令部
MTOE Modification Table of Organization and Equipment	编制装备修正表

MTP Mission Training Plan	任务训练计划
MTS Movement Tracking System	活动跟踪系统
MUA Military Utility Assessment	军事效用评估
MUL Master Urgency List	急需品总表
MUSARC Major U.S. Army Reserve Commands	美国陆军后备队主要司令部
MUTA Multiple Unit Training Assemblies	部队多次集训
MUTA-4 Four Consecutive Assemblies	连续四次集训
MWR Morale, Welfare, and Recreation	士气、福利与文化娱乐
MWRBOD Morale, Welfare and Recreation Board of Directors	士气、福利与文化娱乐理事会
NAF Non-appropriated Funds	非拨款基金
NAFI Non-appropriated Funds Instrumentalities	非拨款基金机构
NAMI Non-Army Managed Item	非陆军管理物品
NAMSA NATO Maintenance and Supply Agency	北约维修与给养局
NAP Not Authorized Prepositioning	未授权预置
NASA National Aeronautics and Space Administration	国家航空航天局
NATO North Atlantic Treaty Organization	北约
NCE Non-Combat Essential	非战斗必需
NCMP Navy Capabilities and Mobilization Plan	海军能力和动员计划
NCMT Non-rated Crewmember Trainer	非额定机组人员训练装置
NCO Noncommissioned Officer	军士
NCOA Noncommissioned Officer Academies	军士学院
NCOER NCO Evaluation Report	军士评估报告
NCOES Noncommissioned Officer Education System	军士教育系统
NDAA National Defense Authorization Act	《国防授权法案》
NDI Nondevelopmental Item	非发展项目

NDMS National Disaster Medical System	全国灾难医疗系统
NDS National Defense Stockpile	国防储备物资
NDS National Defense Strategy	国防战略
NEO Noncombatant Evacuation Operations	非战斗人员撤离行动
NEPA National Environmental Policy Act of 1969	《1969年国家环境政策法案》
NEST Nuclear Emergency Support Teams	核应急支援小组
NET New Equipment Training	新装备训练
NETCOM/9th SC(A) Network Enterprise Technology Command/9th Signal Command (Army)	网络企业技术司令部/陆军第9通信司令部
NETP New Equipment Training Plan	新装备训练计划
NETT NET Teams	新装备训练小组
NFIP National Flood Insurance Program	国家洪水保险计划
NFIP National Foreign Intelligence Program	国家对外情报计划
NGB National Guard Bureau	国民警卫队局
NGIA National Geospatial–Intelligence Agency	国家地理空间情报局
NGPA National Guard Personnel, Army	陆军国民警卫队人员
NGREA National Guard and Reserve Equipment Appropriation	国民警卫队与后备队装备拨款
NGS Non–government Standards	非政府标准
NIFC National Interagency Fire Center	全国跨机构消防中心
NIMS National Incident Management System	全国事故管理系统
NIPRNet Non–classified Internet Protocol Router Network	非保密互联协议路由网络
NIRT Nuclear Incident Response Team	核事故反应小组
NJP Nonjudicial Punishment	不经军事审判之惩罚
NMP National Maintenance Program	国家维修计划
NMRTS National Medical Response Teams	全国医疗反应小组
NMS National Military Strategy	国家军事战略

NOAA National Oceanic and Atmospheric Administration	国家海洋与大气管理局
NOC National Operations Center	国家行动中心
NOF Notional Force	设想的兵力
NOK Next of Kin	最近亲属
NPR Nuclear Posture Review	核态势评估报告
NR–KPP Net–Ready Key Performance Parameter	Net–Ready 关键性能参数
NRF National Response Framework	国家响应框架
NRP National Response Plan	国家响应计划
NS–E Non–standard Equipment	非标准装备
NSA National Security Agency	国家安全局
NSC National Security Council	国家安全委员会
NSCS National Security Command System	国家安全指挥系统
NSN National Stock Number	国家库存编号
NSS National Security Strategy	国家安全战略
NSS National Security System	国家安全系统
NSSE National Special Security Events	国家特别安全活动
NSTD Non–standard Training Aids, Devices, Simulations, and Simulators	非标准训练辅助设备、器械、模拟与模拟器
NTC National Training Center	国家训练中心
NULO Negative Un–liquidated Obligations	负面未清偿偿付专款
NVOAD National Voluntary Organizations Active in Disaster	全国灾难救援志愿组织
O/M Operator and Maintainer	操作人员与维修人员
O&I Operations and Intelligence	作战与情报
O&M Operations and Maintenance	运作与维修
O&S Operations and Support	作战与支援
OA Obligation Authority	偿付专款授权
OA Operational Architecture; Operational Assessment	作战架构；作战评估

OA Operational Availability	可用性
OA-22 HQDA/Resource Services Washington	陆军部总部/华盛顿资源服务部门
OACSIM Office of the Assistant Chief of Staff for Installation Management	负责军事设施管理的助理参谋长办公室
OBT office of Business Transformation	业务转型办公室
OCAR Office of the Chief, Army Reserve	陆军后备队局局长办公室
OCIE Organizational Clothing and Individual Equipment	编制军服与单兵装备
OCLL Office, Chief of Legislative Liaison	立法联络处处长办公室
OCO Overseas Contingency Operations	海外应急行动
OCONUS Outside of the Continental United States	美国本土以外地区
OCPA Office of the Chief of Public Affairs	公共事务处处长办公室
OCS Officer Candidate School	候补军官学校
OCS Operational Contract Support	作战合同支援
OCSA Office of the Chief of Staff of the Army	陆军参谋长办公室
ODP Officer Distribution Plan	军官分配计划
ODS Officer Distribution System	军官分配系统
ODT Overseas Deployment Training	海外部署训练
OE Operational Environment	作战环境
OEF Operation Enduring Freedom	持久自由行动
OEM Original Equipment Manufacturers	原装备制造商
OER Officer Evaluation Report	军官评估报告
OES Officer Education System	军官教育系统
OES State Office of Emergency Services	州紧急事务办公室
OF Operating Force	作战部队
OFM Officer Forecasting Model	军官预测模型
OFO Office of Federal Operations	联邦行动办公室

OGE Office of Government Ethics	政府道德规范办公室
OGLA Officer Grade Limitation Act of 1954	《1954 年军官级别限制法案》
OI organization integrator	编制整合官
OIF Operation Iraqi Freedom	伊拉克自由行动
OIPT Overarching Integrated Product Team	总体综合产品小组
OMA Operations and Maintenance, Army	陆军运作与维修
OMAR Operations and Maintenance, Army Reserve	陆军后备队运作与维修
OMB Office of Management and Budget	管理与预算办公室
OMNG Operations and Maintenance, Army National Guard	陆军国民警卫队运作与维修
OMRD Operations, Mobilization and Readiness Directorate	作战、机动与战备处
OMS/MP Operational Mode Summary/Mission Profiles	运作模式概要/任务简介
OneSAF One Semi-Automated Forces	整体半自动化部队
ONS Operational Needs Statement	作战需求报表
OOS Objective OneSAF	目标整体半自动化部队
OPA Officer Personnel Act of 1947	《1947 年军官人事法案》
OPA Other Procurement, Army	陆军其他采购
OPFOR Opposing Forces	敌对部队
OPLAN Operation Plan	作战计划
OPLAW Operational Law	作战法
OPLOC Operating Location	作战地点
OPMD Officer Personnel Management Directorate	军官人事管理处
OPMS Officer Personnel Management System	军官人事管理系统
OPORD Operation Order	作战命令
OpSD Operating Strength Deviation	可分派兵力差额
OPSEC Operational Security	作战保密

OPTEMPO Operating Tempo	作战节奏
ORB Officer Record Brief	军官档案摘要
ORF Operational Readiness Float	战备储存装备
OS Operating Strength	可分派兵力
OSA Office of the Secretary of the Army	陆军部长办公室
OSC Office of Special Counsel	特别检察官办公室
OSD Office of the Secretary of Defense	国防部部长办公室
OSJA Office of the Staff Judge Advocate	军法参谋办公室
OSUT one station unit training	同一基地部队训练
OTA Operational Test Agency	作战试验局
OTA TP Operational Test Agency test plan	作战试验局试验计划
OTIG Office of the Inspector General	监察长办公室
OTJAG Office of the Judge Advocate General	军法署署长办公室
OTOE objective TOE	目标编制与装备表
OTSG Office of the Surgeon General	军医局局长办公室
OV Operational view	运作视图
P&D Production and Deployment	生产与部署
P&I Administrative and Technical Privileges and Immunities	行政与技术特权与豁免
P3I Preplanned Product Improvement	预先计划的产品改进
PA Public Affairs	公共事务
PAA Procurement Army Ammunition	采购陆军弹药
PA&E Program Analysis and Evaluation	计划分析与鉴定
PAD Public Affairs Detachment	公共事务分遣队
PAED Program Analysis and Evaluation Directorate	计划分析与鉴定处
PAG Publc Affairs Guidance	公共事务指导
PAIO Plans, Analysis & Integration Office	计划、分析与整合办公室
PAO Public Affairs Officer	公共事务军官
PAOC Public Affairs Operations Center	公共事务行动中心

PAUC Program Acquisition Unit Cost	计划采办单位成本
PBA Performance-based Agreements	基于绩效的协议
PBA Pine Bluff Arsenal	派因布拉夫兵工厂
PBA Production Base Analysis	生产基地分析
PBAS Program-Budget Accounting System	计划－预算会计系统
PBD Program Budget Decision	计划预算决议
PBG Program and Budget Guidance	计划与预算指导
PBL Performance Based Logistics	基于性能的后勤
PBR Program Budget Review	计划预算审查
PBUSE Property Book / Unit Supply Enhanced	财产登记／单位补给强化系统
PCA Posse Comitatus Act of 1878	1878 年地方保安队法
PCC Policy Coordination Committee	政策协调委员会
PCC Pre-Command Course	指挥职务职前课程
PCP Program Change Proposals	计划变更建议书
PCS Permanent Changes of Station	营区永久性变更
PCTEF Percent Effective	有效百分比
PD Program Directive	计划指令
PDD Presidential Decision Directive	总统决策指令
PDIP Program Development Increment Package	计划制订增量包
PDR Preliminary Design Review	初步设计评估
PE Program Element	计划要素
PEG Program Evaluation Group	计划鉴定小组
PEO Program Executive Officer	项目执行官
PEO EIS Program Executive Office Enterprise Information Systems	项目执行办公室企业信息系统
PEPDUS PERSCOM Enlisted Personnel Data Update System	人事司令部士兵人员数据更新系统
PER DB Personnel Component of TAPDB	全陆军人事数据库人事组件

PERMISS Personnel Management Information and Support System	人事管理信息与支持系统
PERNET Personnel Network	人事网络
PERSACS Personnel Structure and Composition System	人员结构与组成系统
PERSCOM Personnel Support Commands	人事支援司令部
PERSSO Personnel System Staff officer	人事系统参谋
PFA Personnel Functional Assessment	人员职能评估
PFM Portfolio Management	组合管理
PfP Partnership for Peace	和平伙伴关系
PFO Principal Federal Official	首席联邦官员
PI Product improvements	产品改进
PIM Pre-trained Individual Manpower	先前已训练单兵人力
PIMS Partnership for Peace Information Management System	和平伙伴关系信息管理系统
PKO Peace Keeping Operations	维和行动
PLL Prescribed Load List	规定装载列表
PM Program Manager	计划主管
PMAD Personnel Management Authorizations Document	人事管理授权文档
PMCS Preventive Maintenance Checks and Services	预防性维修检查与检修
PME Professional Military Education	职业军事教育
PME Professional Military Exchange	职业军事交流
PMF Presidential Management Fellows	总统管理生
PMJ Professional Military Judgment	职业军事判断
PMO Program Manager/Project Manager/Product Manager Office	计划／项目／产品主管办公室
POC Point of Contact	联系人
POE Program Office Estimate	计划办公室估算报告
POL Petroleum, Oils, Lubricants	石油、油料与润滑剂

POM Program Objective Memorandum	计划目标备忘录
POM/BES Program Objective Memorandum and Budget Estimate Submission	计划目标备忘录／概算报告
POPM Proponency Office for Preventive Medicine	预防医学倡议办公室
POR Preparation for Overseas Replacement	海外替换准备
POR Program of Record	记录在案计划
POSC-Edit Personnel Occupational Specialty Code Edit	人员职业专业代码编辑
POSH Prevention of Sexual Harassment	性骚扰预防
PPB Planning，Programming and Budgeting	规划、计划与预算
PPBC Planning Program Budget Committee	规划、计划与预算委员会
PPBE Planning，Programming，Budgeting，and Execution	规划、计划、预算与执行
PPBS Planning，Programming，and Budgeting System	规划、计划与预算系统
PPD Personnel Proponency Directorate	人事支援处
PPP/PSP Power Projection Platforms/Power Support Platforms	力量投送平台／力量支援平台
PPSO Personal Property Shipment Office	个人财产运输办公室
PPV Public Private Ventures	公私合资企业
PQT Production Qualification Test	生产资格试验
PRC Presidential Reserve Call-up	总统征召后备役
PRD Presidential Review Directive	总统审查指令
PREPO Pre-positioned	预置
PRG Program Review Group	计划审查小组
PROBE Program Optimization and Budget Evaluation	计划优化与预算鉴定
PROFIS Professional Officer Filler Information System	职业军官填充信息系统
PSDR Personnel Services Delivery Redesign	人事服务交付再设计
PSA Principal Staff Assistant	首席参谋助理

PSMA Pre-scripted Mission Assignments	预先安排的任务委派
PSS Product Support Strategy	产品支持战略
PSYOPS Psychological Operations	心理战
PT Personnel Transformation	人事转型
PURE PREPO Unit Residual (left behind) Equipment	预置单位后留装备
PY Prior Fiscal Year	先前财政年度
QAO Quality Assurance Office	质量保证处
QDR Quadrennial Defense Review	四年防务评估
QMP Qualitative Management Program	质量管理计划
QRP Qualifying Recycling Program	达标回收计划
QRRC Quarterly Readiness Report to Congress	国会季度战备报告
R2TF Responsible Reset Task Force	负责任的重置工作特别工作组
R&D Research and Development	研究与发展
RAB Restoration Advisory Boards	修复顾问委员会
RAD Requirements and Assessment Division	需求与评估处
RAD Research Area Directorates	研究领域理事会
RAID Rapid Assessment and Initial Detection	快速评估与最初探测
RAM Reliability, Availability, and Maintainability	可靠性、可用性、可维修性
RAP Revised Approved Program	修订的经核准的计划
RAP-C Requisition Allocation Plan-CONUS	人员请求分配计划—美国本土
RC Reserve Component	后备役组成部队
RC Required Capabilities	需求能力
RCAS Reserve Component Automation System	后备役组成部队自动化系统
RCCC Reserve Component Coordination Council	后备役组成部队协调委员会

RCCMRF Restructured CBRNE Consequence Management Response Force	经改组的化学、生物、辐射、核与高爆炸药后果管理反应部队
RCERT Regional Computer Emergency Response Teams	地区计算机紧急事务反应小组
RCF Repair Cycle Float	修理周期储备物资
RCI Residential Communities Initiative	住宅社区计划
RCM Reliability Centered Maintenance	以可靠性为中心的维修
RCP retention control point	超期服役控制点
RCRA Resource Conservation and Recovery Act	《资源保护和恢复法案》
RCSOF Reserve Component Special Operations Forces	后备役组成部队特种作战部队
RD Region Director	地区主任
RDA research, development, and acquisition	研究、发展与采办
RDAP research, development, and acquisition plan	研究、发展与采办计划
RDD Resource Decision Documents	资源决策文档
RDEC Research, Development, Engineering Centers	研究、发展与工程中心
RDECOM U.S. Army Research, Development and Engineering Command	美国陆军研究、发展与工程司令部
RDL Reimer Digital Library	雷蒙数字图书馆
RDS Requirements Documentation System	需求文档编制系统
RDT&E Research, Development, Test, and Evaluation	研究、发展、试验与鉴定
RDT&E,A Development, Test, and Evaluation, Army	陆军研究、发展、试验与鉴定
REF rapid equipping force	快速装备组
REP–63 Reserve Enlistment Program of 1963	1963年后备役服役计划
REPLOs Regional Emergency Preparedness Liaison Officers	地区应急战备联络官

REQ DB Requisition Component of TAPDB	全陆军人事数据库请求组件
REQUEST Recruit Quota Enlistment System	新兵名额征兵系统
RERT Radiological Emergency Response Team	辐射紧急反应小组
RETAIN Reenlistment, Reclassification and Assignment System	再次入伍、重新分类与指派系统
RF Radio Frequency	无线射频
RFC request for Capabilities	能力申请
RFF Request for Forces	部队请求
RFG Resource Formulation Guide	资源规划指导
RFID Radio Frequency Identification	无线射频识别
RFP Request for Proposal	提案请求书
RFPB Reserve Forces Policy Board	后备役部队政策委员会
RHN Regional Hub Nodes	地区中心节点
RI Resource Integrator	资源整合官
RIA Rock Island Arsenal	罗克艾兰兵工厂
RID Requirements Integration Directorate	需求整合处
RIF Reduction in Force	兵力缩减
RMC Regional Medical Command	地区医疗司令部
RMD Resource Management Decision	资源管理决策
RMD Requirements Management Division	需求管理处
RMO Resource Management Office	资源管理办公室
ROE Rules of Engagement	交战规则
ROI Report of Investigation	调查报告
ROPMA Reserve Officer Personnel Management Act	后备役军官人事管理法
ROS Responsible Official for Sustainment	主管维持工作的军官
ROTC Reserve Officers Training Corps	后备役军官训练队
RPA U.S. Army Resources and Programs Agency	美国陆军资源与计划局

RPA Reserve Personnel, Army	陆军后备队人员
RPLANS Real Property Planning and Analysis System	不动产规划与分析系统
RPM Real Property Maintenance	不动产维护
RRAD Red River Army Depot	红河陆军仓库
RRCC Regional Response Coordination Center	地区响应协调中心
RSC Regional Support Commands	地区支援司令部
RSO Religious Support Office	宗教支持办公室
RSO Requirements Staff Officer	需求参谋官
RSO Retirement Services Officer	退休服务官
RTF Ready to Fight	准备战斗
RTI Regional Training Institutes	地区训练学院
RTLP Range and Training Land Program	靶场与训练用地计划
RTSM Regional Training Site Maintenance	地区维修训练场
RUDIST REQUEST Unit Distribution Program	新兵名额征兵系统单位分配计划
RUE Rules of the Use of Force	部队运用规则
RVS Reconfigurable Vehicle Simulator	可重新配置的车辆模拟装置
RVTT Reconfigurable Vehicle Tactical Trainer	可重新配置的车辆战术训练装置
SA Secretary of the Army	陆军部长
SA Security Assistance	安全援助
SA Situation Awareness	态势感知
SA supportability Analysis	可支持性分析
SAAG Office of the Auditor General – U.S. Army Audit Agency	审计长办公室—美国陆军审计局
SAAS-ASP SAAS-Ammunition Supply Point	陆军标准弹药系统—弹药补给所
SAAS-ATHP SAAS-Ammunition Transfer & Holding Point	陆军标准弹药系统—弹药转运与存放站

SAAS–Mod Standard Army Ammunition System Modernized	现代化陆军标准弹药系统
SAAS–BAO SAAS–Brigade Ammunition Office	陆军标准弹药系统—旅弹药办公室
SAAS–DAO SAAS–Division Ammunition Office	陆军标准弹药系统—师弹药办公室
SAAS–MMC SAAS–Materiel Management Center	陆军标准弹药系统—装备管理中心
SAC Special Agent in Charge	主管特工
SAC Strategic Air Command	战略空军司令部
SACEUR Supreme Allied Commander, Europe	欧洲盟军最高司令
SACS Structure and Composition System	结构与组成系统
SALE Single Army Logistics Enterprise	单一陆军后勤企业
SAMAS Structure and Manpower Allocation System	结构与人力分配系统
SAMS School of Advanced Military Studies	军事研究高级学校
SAMS–E The Standard Army Maintenance System–Enhanced	陆军强化版标准维修系统
SAP Special Access Program	特别访问计划
SAPR Sexual Assault Prevention Response	性侵犯预防应对措施
SAR Selected Acquisition Report	选定的采办报告
SARA Superfund Amendments and Reauthorization Act of 1986	《1986 年超级基金修正案和再授权法案》
SARSS Standard Army Retail Supply System	陆军标准零星补给系统
SARSSS–GW Standard Army Retail Supply System–Gateway	陆军标准零星补给系统–网关
SAS Statistical Analysis Software	统计分析软件
SASC Senate Armed Services Committee	参议院武装部队委员会
SAT Systems Approach to Training	训练系统方法
SATCOM Satellite communications	卫星通信
SATD Security Assistance Training Directorate	安全援助训练处

SATFA Security Assistance Training Field Activity	安全援助训练野外设施
SATP Security Assistance Training Program	安全援助训练计划
SBCT Stryker Brigade Combat Team	“斯特赖克”旅战斗队
SBIR Small Business Innovation Research Program	小企业创新研究计划
SBP Survivor Benefit Plan	遗属抚恤金计划
SBR Standby Reserve	第二类后备役
SC Senior Commander	高级司令官
SCI Sensitive Compartmented Information	敏感严控情报
SCM Summary Court-martial	简易军事法庭
SCM Supply Chain Management	补给链管理
SCO State Coordinating Officer	州协调官
SCR Systems Change Request	系统变更请求
SCRA Service Members Civil Relief Act	《服役人员民事救济法案》
SCRAG Senior Civilian Representative of the Attorney General	司法部长高级文职人员代表
SDAP Special Duty Assignment Pay	特别任务委派报酬
SDC Supervisory Development Course	督导发展课程
SDCS Standard Data Collection System	标准数据收集系统
SDDC Surface Deployment and Distribution Command	地面部署与分配司令部
SDO Supply Depot Operations	补给仓库运作
SDS Standard Depot System	标准仓库系统
SDT Second Destination Transportation	次目标运输
SDWA Safe Drinking Water Act	《安全饮用水法案》
SE Systems Engineering	系统工程
SEAL Sea, Air, Land (Navy)	海上、空中与地面（海军“海豹”部队）
SEC Senior Executive Council	高级执行官委员会

SECARMY Secretary of the Army	陆军部长
SECDEF Secretary of Defense	国防部部长
SE Core Synthetic Environment Core	综合环境核心
SEHS Special Events for Homeland Security	国土安全特别活动
SEP Systems Engineering Plan	系统工程计划
SEPLOs State Emergency Preparedness Liaison Officers	州应急战备联络官
SERB Selective Early Retirement Board	选择性提早退休委员会
SES Senior Executive Service	高级行政官
SFLEO Senior Federal Law Enforcement Officer	高级联邦执法官
SFO Senior Federal Official	高级联邦官员
SFRBOD Soldier and Family Readiness Board of Directors	军人与家属战备理事会
SG Standards of Grade	级别标准
SGO Standard Garrison Organization	标准警备区组织结构
SHARP Sexual Harassment/Assault Response Prevention	性骚扰/侵犯反应预防
SICE Services & Infrastructure Core Enterprise	服务与基础设施核心企业
SIGINT Signals Intelligence	信号情报
SIMLM Single Integrated Medical Logistics Manager	统一医疗后勤管理员
SIPRNET Secret Internet Protocol Router Network	保密互联协议路由网络
SIPT supportability integrated product team	可支持性综合产品小组
SISC Support to International Sporting Competitions	面向国际体育竞赛的支援
SJA Staff Judge Advocate	军法参谋
SKA Skills, Knowledge and Attributes	技能、知识与特性
SL Senior Level	高级别
SLAMIS SSN-LIN Automated Management and Integrating System	SSN-LIN 自动化管理与综合系统

SLDA Senior Leaders of the Department of the Army	陆军部高级领导
SLEP Service Life Extension Program	延长服役期限计划
SLRG Senior Leader Review Group	高级领导审查小组
SM Senior Manager	高级管理员
SM Soldier' s Manual	《士兵手册》
SMA Supply Management, Army	陆军给养管理
SMART Special Medical Augmentation Response Teams	特别医疗增援反应小组
SMC Sergeants Major Course	军士长课程
SMCA Single Manager for Conventional Ammunition	常规弹药单个管理员
SMCT Soldier' s Manual of Common Tasks	《士兵通用任务手册》
SMDC Space and Missile Command	航天与导弹司令部
SMDR structure manning decision review	编制人员配备决议审查
SME Subject Matter Expert	主题专家
SMSP Security Management System	安全管理系统
SM/TG Soldier' s Manuals/Trainers Guides	士兵手册/教官指南
SMU Special Mission Unit	特别任务单位
SNaP Select and Native Programming	选择与本地计划
SOF Special Operations Forces	特种作战部队
SOFA Status of Forces Agreement	部队地位协定
SoS Systems of Systems	系统之系统
SOS Source of Supply	补给来源
SPBS Standard Property Book System-Redesign	重新设计的财产登记标准系统
SPCM Special Court-martial	特别军事法庭
SPG Strategic Planning Guidance	战略规划指导
SQI Special Qualification Identifier	特殊资历代码
SRA Strategic Research Areas	战略研究领域

SRA Separate Reporting Activity	分离式报告站
SRC Standard Requirements Code	标准需求编码
SRG Senior Review Group	高级审查组
SRM Sustainment, Restoration and Modernization	维持、恢复与现代化
SROC Senior Readiness Oversight Council	高级战备监督委员会
SRP Soldier Readiness Program	军人战备计划
SRP Sustainable Range Program	可维持靶场计划
SRS Strategic Readiness System	战略战备系统
SS Supportability Strategy	可支持性战略
SSA Source Selection Authority	来源选择当局
SSA System Safety Assessment	系统安全评估
SSC Senior Service College	高级军事学院
SSMS Service Support Manpower System	军种支援人力系统
SSN Standard Study Number	标准研究编号
SSO Single Sign on	单点登录
SSO Synchronization Staff Officer	协调参谋
ST Sustainment Training	维持训练
STAMIS Standard Information Management System	标准信息管理系统
STANFINS Standard Financial System	标准财务系统
STAR System Threat Assessment Report	系统威胁评估报告
STARTs Scientific and Technical Advisory and Response Teams	科技顾问与反应小组
STO Split Training Option	分离训练选项
STORES Subsistence Total Order and Receipt Electronics System	给养总订单与接收电子系统
STP Short Term Projects	短期项目
STP Soldier Training Publications	士兵训练出版物
STRADS Strategic Deployment System	战略部署系统

STRAMS-E Student/Trainee Management System-Enlisted	士兵学员／受训人员管理系统
STRAP System Training Plan	系统训练计划
STSP Soldier Training Support Program	士兵训练支援计划
STTR Small Business Technology Transfer Pilot Program	小企业技术转让试行计划
STX Situational Training Exercises	紧急情况应对训练演习
SUST BDE Sustainment Brigades	维持旅
SV System view	系统视图
SVP Special Visibility Program	特别可视性计划
SWAR Solid Waste Annual Reporting	固体废弃物年度报告
TEO U.S. Army Test and Evaluation Office	美国陆军试验与鉴定办公室
T&E Test and Evaluation	试验与鉴定
T&EO Training and Evaluation Outline	训练与评估纲要
TAA total Army analysis	全陆军分析
TAACOM Theater Army Area Command	战区集团军地区司令部
TAADS The Army Authorization Documents System	陆军授权文档系统
TABDB Total Army Personnel Data Base	全陆军人事数据库
TAC Transportation Account Code	运输账号
TACITS Total Army Centralized Individual Training Solicitations	陆军个人训练集中申请
TACOM Tank-Automotive and Armaments Command	坦克－机动车辆与军械司令部
TADLP The Army Distributed Learning Program	陆军分布式学习计划
TADSS Training Aids, Devices, Simulations, and Simulators	训练辅助设备、器械、模拟与模拟器
TAEDP The Army Equipment Distribution Program	陆军装备分发系统
TAG The State Adjutants General	州副官长

TAMMS The Army Maintenance Management System	陆军维修管理系统
TAP The Army Plan	陆军计划
TAPDB Total Army Personnel Databases	全陆军人事数据库
TAPDB–AE Total Army Personnel Databases–Active Enlisted	全陆军人事数据库—现役士兵
TAPDB–AO Total Army Personnel Databases–Active Officer	全陆军人事数据库—现役军官
TASS The Army School System	陆军院校系统
TASSD The Army School System Directorate	陆军院校系统处
TATS Total Army Training System	全陆军训练系统
TBE Training Base Expansion	训练基地扩充
TBIP Training Barracks Improvement Program	训练兵营改善计划
TBMP Training Barracks Modernization Program	训练兵营现代化计划
TBUP Training Barracks Upgrade Program	训练兵营升级计划
TC Type Classification	型号分类
TC–ACCIS Transportation Coordinator–Automated Command and Control Information System	运输协调官–自动化控制与指挥信息系统
TCE Tactical Computer Exchange	战术计算机交换
TCM TRADOC Capability Manager	训练与条令司令部能力主管
TCP Planning, Programming and Budgeting	规划、计划与预算制定
TD Technology Demonstration	技术验证
TD Training Development	训练发展
TDA Tables of Distribution and Allowances	编配与装备表
TDADD Training Development and Delivery Directorate	训练发展与交付处
TDDC Training and Doctrine Development Configuration	训练与条令发展配置
TDDT Training and Doctrine Development Tool	训练与条令发展工具

TDS technology development strategy	技术开发战略
TDS Trial Defense Service	审判辩护服务中心
TE Training Environment	训练环境
TEM Training Execution Matrices	训练实施矩阵
TEMP Test and Evaluation Master Plan	试验与鉴定总计划
TEO U.S. Army Test and Evaluation Office	美国陆军试验与鉴定办公室
TES Tactical Engagement Simulation	战术交战模拟
TEU Technical Escort Unit	技术护送分队
TF Task Force	特遣部队
TFE Tactical Field Exchange	战术野战贩卖店
TFER Task Force for Emergency Readiness	紧急事务战备特遣部队
TFM Training Feedback Module	训练反馈模块
TG Training Guide	训练指导
TGM Technical Guidance Memorandum	技术指导备忘录
TIG time in Grade	现任级别时间
TIM Transformation of Installation Management	军事设施管理转型
TIS Time in Service	服役时间
TIS Transportation Information Systems	运输信息系统
TISA Troop Issue Subsistence Activity	部队给养分发单位
TISO Threat Integration Staff Officer	威胁整合参谋官
TJAG The Judge Advocate General	军法署署长
TLAMM Theater Lead Agent for Medical Materiel	战区医疗装备主管机构
TMA Training Mission Area	训练任务区
TMA TRICARE Management Activity	“军队医疗”管理处
TMCA Theater Movement Control Agency	战区运输控制局
TMD Theater Missile Defense	战区导弹防御
TMIP Theater Medical Information Program	战区医疗信息计划

TMOPES TRADOC Mobilization Operation Planning and Execution System	训练与条令司令部动员活动规划与执行系统
TNGDEV Training Developer	训练发展者
TOA Total Obligation Authority	总偿付专款授权
TOE Table of Organization and Equipment	编制与装备表
TOMA Training Operations Management Activity	训练活动管理机构
TOPMIS Total Officer Personnel Management Information System	军官人事管理信息总系统
TOPS Transportation Operational Personal Property Standard System	运输作业个人财产标准系统
TOTA Tenants Other Than Army	陆军以外借住人员
TP Training Publication	训练出版物
TPA&E Training Program Analysis and Evaluation	训练计划分析与鉴定
TPCRD Training Plans and Capabilities Review	训练计划与能力审查
TPE Theater Provided Equipment	战区提供的装备
TPF Total Package Fielding	总体成套部署
TPFDD Time-phased Force and Deployment Data	分时段部队与部署数据
TPSN Troop Program Sequence Number	部队计划序列号
TPU Troop Program Unit	部队计划单位
TRA Technology Readiness Assessment	技术战备评估
TRAC TRADOC Analysis Center	训练与条令司令部分析中心
TRAC2ES US Transportation Command (TRANSCOM) Regulating and Command and Control Evacuation System	运输司令部管理、指挥与控制撤离系统
TRADOC U.S. Army Training and Doctrine Command	美国陆军训练与条令司令部
TRAP Training Requirements Arbitration Panel	训练需求仲裁组
TRAS Training Requirements Analysis System	训练需求分析系统
TRL Technology Readiness Level	技术战备级别

TRM Training Resource Model	训练资源模型
TRP Test Resource Plan	试验资源计划
TSARC Test Schedule and Review Committee	试验计划与审查委员会
TSB Training Support Brigade	训练支援旅
TSC Theater Sustainment Command	战区维持令部
TSC Training Support Center	训练支持中心
TSCA Toxics Substances Control Act	《有毒物质控制法案》
TSG The Surgeon General	军医局局长
TSIU Tactical Simulation Interface	战术模拟接口
TSP Training Support Package	训练支援包
TSR Training Support Requirements	训练支援需求
TSS Training Support System	训练支持系统
TSWG Training Support Working Group	训练支援工作组
TTHS Trainees, Transients, Holdees and Students	受训人员、暂住人员、过往暂留人员与学员
TTP Tactics, Techniques, and Procedures	战术、技术与程序
TV Technical view	技术视图
TVA Tennessee Valley Authority	田纳西流域局
TWOS Total Warrant Officer System	全体准尉系统
TYAD Tobyhanna Army Depot	托比汉纳陆军仓库
UAD Updated Authorizations Document	更新授权文档
UAS Unit Activation Schedule	部队进入现役进度表
UAS Unmanned Aircraft System	无人机系统
UCMJ Uniform Code of Military Justice	《军事审判统一法典》
UCP Unified Command Plan	联合司令部计划
UEPH Unaccompanied Enlisted Personnel Housing	无家属陪伴士兵宿舍
UFR Unfunded Requirement	未拨付资金的需求
UIC Unit Identification Code	单位识别码
UID Unique Item Identifier	项目唯一识别符

UJT Universal Joint Task	通用联合任务
UJTL Universal Joint Task List	通用联合任务清单
ULLS Unit Level Logistics System	单位级别后勤系统
ULP Unfair Labor Practice	不公正的劳工惯例
UMD Unmatched Disbursements	不匹配支出
UMFP Unit Materiel Fielding Points	部队装备部署点
UMMIPS Uniform Movement and Materiel Issue Priority System	装备运送与发放优先顺序统一系统
UNAAF Unified Action Armed Forces	统一行动武装部队
UPH Unaccompanied Personnel Housing	无家属陪伴人员宿舍
URS Unit Reference Sheet	单位参考材料
US&R Urban Search and Rescue	城市搜救
USA Under Secretary of the Army	陆军部副部长
USAAC U.S. Army Accessions Command	美国陆军新兵司令部
USAASC U.S. Army Acquisition Support Center	美国陆军采办支援中心
USACE U.S. Army Corps of Engineers	美国陆军工兵部队
USACIDC U.S. Army Criminal Investigation Command	美国陆军刑事调查司令部
USACPEA US Army Civilian Personnel Evaluation Agency	美国陆军文职人员评估局
USAFINCOM U.S. Army Finance Command	美国陆军财务司令部
USAFMSA U.S. Army Force Management Support Agency	美国陆军兵力管理支援局
USAFRICOM U.S. Africa Command	美国非洲司令部
USAG United States Army Garrison	美国陆军警备区
USAHRC U.S. Army Human Resources Command	美国陆军人力资源司令部
USAID U. S. Agency for International Development	美国国际开发署
USAIGA U.S. Army Inspector General Agency	陆军监察署

USAISMA U.S. Army Installation Support Management Activity	美国陆军设施支援管理机构
USAJFKSWCS U.S. Army John Kennedy Special Warfare Center and School	美国陆军约翰·F·肯尼迪特种作战中心和学校
USAMEDCOM U.S. Army Medical Command	美国陆军医务司令部
USAMRICD USA Medical Research Institute of Chemical Defense	美国防化医学研究所
USAMRIID USA Medical Research Institute of Infectious Diseases	美国传染病医学研究所
USAMRMC U.S. Army Medical Research and Materiel Command	美国陆军医学研究与装备司令部
USAPA U.S. Army Publishing Agency	美国陆军出版局
USAPHC (PROV) U.S. Army Public Health Command (Provisional)	美国陆军公共卫生司令部（临时）
USARC U.S. Army Reserve Command	美国陆军后备队司令部
USARCENT U.S. Army Central	美国陆军中央司令部
USARCS U.S. Army Claims Service	美国陆军索赔服务处
USAREC U.S. Army Recruiting Command	美国陆军征兵司令部
USAREUR U.S. Army, Europe	美国陆军欧洲司令部
USARF United States Army Reserve Forces	美国陆军后备队部队
USARNORTH U. S. Army North	美国陆军北方司令部
USARPAC U.S. Army, Pacific	美国陆军太平洋司令部
USARSO U.S. Army, South	美国陆军南方司令部
USASAC U.S. Army Security Assistance Command	美国陆军安全援助司令部
USASMC U.S. Army Sergeants Major Course	美国陆军主任军士长课程
USASMDC U.S. Army Space and Missile Defense Command	美国陆军空间和导弹防御司令部
USASOC U.S. Army Special Operations Command	美国陆军特种作战司令部

USASSI U.S. Army Soldier Support Institute	美国陆军军人支援研究所
USATC U.S. Army Training Center	美国陆军训练中心
USAWC U.S. Army War College	美国陆军军事学院
UC Unified Command	联合司令部
USC United States Code	《美国法典》
USCENTCOM U.S. Central Command	美国中央司令部
USCG United States Coast Guard	美国海岸警卫队
USDA US Department of Agriculture	美国农业部
USD(Policy) Under Secretary of Defense (Policy)	负责政策制定的国防部副部长
USD(AT&L) Under Secretary of Defense (Acquisition, Technology, and Logistics)	负责采办、技术与后勤的国防部副部长
USD(C) Under Secretary of Defense (Comptroller)	负责审计的国防部副部长
USD(P&R) Under Secretary of Defense (Personnel and Readiness)	负责人事与战备的国防部副部长
USERRA Uniform Services Employment and Reemployment Rights Act	《军人就业与再就业权利法案》
USEUCOM U.S. European Command	美国欧洲司令部
USAISMA U.S. Army Installation Support Management Activity	美国陆军设施支援管理机构
USJFCOM U.S. Joint Forces Command	美国联合部队司令部
USMA United States Military Academy	美国军事学院
USNORTHCOM U.S. Northern Command	美国北方司令部
USP United States Postal Service	美国邮政局
USPACOM U.S. Pacific Command	美国太平洋司令部
USPFO U.S. Property and Fiscal Officer	美国财产与财政官
USR unit status report	单位状况报告
USSOCOM U.S. Special Operations Command	美国特种作战司令部
USSOUTHCOM U.S. Southern Command	美国南方司令部

USSTRATCOM U.S. Strategic Command	美国战略司令部
USTRANSCOM U.S. Transportation Command	美国运输司令部
UTA Unit Training Assemblies	部队集训
UJTL Universal Joint Task List	通用联合任务清单
VC Veterinary Corps	兽医队
VCCT Virtual Combat Convoy Trainer	虚拟战斗护送训练器
VCJCS Vice Chairman of the Joint Chiefs of Staff	参谋长联席会议副主席
VCSA Vice Chief of Staff, Army	陆军第一副参谋长
VEOA Veterans Employment Opportunity Act	《退伍军人就业机会法案》
VERRP Voluntary Early Release and Retirement Program	志愿提前解除现役与退休计划
VI/TSC Visual Information/Training Support Centers	图像信息／训练支持中心
VMATs Veterinarian Medical Assistance Teams	兽医医疗援助小组
VOLAR Volunteer Army	志愿军
VSAT Very Small Aperture Terminal	甚小孔径天线终端
VSA Virtual Simulation Architecture	虚拟模拟架构
VTT Video Teletraining	可视远程训练
WBRP Whole Barracks Renewal Program	营房整体翻新计划
WFF Warfighting Function	作战职能
WFO Warfighter Outcomes Analysis	作战结果分析
WHINSEC Western Hemisphere Institute for Security Cooperation	西半球安全合作研究所
WIN-T Warfighter Information Network-Tactical	战士信息网—战术
WIP Work in Process	半制品
WIPT Working-level Integrated Product Team	工作层面的综合产品小组
WIT Weapons Intelligence Team	武器情报小组

WLC Warriors Leader Course	战士领导课程
WMD Weapons of Mass Destruction	大规模杀伤性武器
WMP Air Force War and Mobilization Plan	空军战争和动员计划
WNR Whole Neighborhood Revitalization	街区整体改造
WO Warrant officer	准尉
WOAC Warrant Officer Advanced Course	准尉高级课程
WOBC Warrant Officer Basic Course	准尉基础课程
WOCC Warrant Officer Career College	准尉职业学院
WOCS Warrant Officer Candidate School	准尉候选人培训学校
WOES Warrant Officer Education System	准尉教育系统
WOLDAP Warrant Officer Leader Development Action Plan	准尉领导发展行动计划
WOMA Warrant Officer Management Act	《准尉管理法》
WOS Warrant Officer Service	准尉服役
WOSC Warrant Officer Staff Course	准尉参谋课程
WOSSC Warrant Officer Senior Staff Course	准尉高级参谋课程
WPB War production board	战时生产局
WPR War Powers Resolution	战争权力决议案
WPS Worldwide Ports System	全球港口系统
WRDA Water Resources Development Act	《水资源开发法》
WRMR War Reserve Materiel Requirement	战争储备物资需求
WRMS War Reserve Materiel Stock	战争物资储备库存
WRSA War Reserve Stocks for Allies	盟国专用战争装备储备库存
WRSA–I War Reserve Stocks for Allies–Israel	盟国专用战争装备储备库存—以色列
WRSA–K War Reserve Stocks for Allies–Korea	盟国专用战争装备储备库存—韩国
WSR Weapon System Review	武器系统审查
WTCV Weapons and Tracked Combat Vehicles	武器与履带式作战车辆

WVA Watervliet Arsenal	沃特弗利特兵工厂
WWX World Wide Express	环球速递
ZLIN Developmental Line Item Number	发展册列项目编号